RÉSONANCES
Collection dirigée par Étienne CALAIS

Étude sur

LE CONTE PHILOSOPHIQUE VOLTAIRIEN

par Jean LABESSE
Agrégé de Grammaire

ellipses

Résonances est une collection nouvelle qui entend, dans un nombre de pages réduit et sous un format original, offrir, sur une œuvre, un thème littéraires, l'essentiel des connaissances indispensables et incontournables qui permettent l'approche et l'étude efficace de l'ouvrage ou de la thématique concernés.
Résonances est une collection innovante qui entend inciter les lecteurs, jeunes et moins jeunes, à une lecture attentive et ludique, ouvrir des pistes à explorer, inviter à des rapprochements opportuns.
Résonances est une collection autonome qui peut être complétée par la série *Analyses & Réflexions* qui, grâce à des articles variés, élargit et diversifie l'approche des textes.

Dans la même collection

– des ***RÉSONANCES ŒUVRES***

- Étude sur : Maupassant/Renoir, *Une partie de campagne*, par Georges Bafaro et Pierre Serre.
- Étude sur : Aragon, *Les Yeux d'Elsa*, par Jacqueline et Patrice Villani.
- Étude sur : Sophocle, *Œdipe roi*, par Christine Dubarry-Sodini.
- Étude sur : Montaigne, *Essais* « Des cannibales », « Des coches », par Alain-Gilbert Gueguen.
- Étude sur : Shakespeare, *Hamlet*, par Alison Détrie.
- Étude sur : Césaire, *Cahier d'un retour au pays natal, Discours sur le colonialisme*, par Annie Urbanik-Rizk.
- Étude sur : Voltaire, *Candide*, par Étienne Calais.
- Étude sur : Voltaire, *L'Ingénu*, par Véronique Anglard.
- Étude sur : Racine, *Bérénice*, par Basile Sotirakis.
- Étude sur : Flaubert, *L'Éducation sentimentale*, par Annie Urbanik-Rizk.

– des ***RÉSONANCES GÉNÉRIQUES***

- *Le roman d'apprentissage en France au XIXe siècle*, par Marie-Claude Demay et Denis Pernot.
- *La tragédie racinienne*, par Gérard Pélissier.
- *Le conte philosophique voltairien*, par Jean Labesse.
- *Petite anthologie européenne du roman d'apprentissage*, par Sophie Rochefort-Guillouet.
- *Le roman d'apprentissage au féminin*, par Claire Lefouin.

– des ***RÉSONANCES THÉMATIQUES*** (*à paraître*)

- *Le bon sauvage*, par Sylvie Howlett.
- *Souvenir et mémoire*, par Édith Borrut.
- *Métamorphoses*, par Christine Bétis.

Étienne CALAIS, agrégé de Lettres modernes, est professeur en lycée et en sections de BTS. Il a été chargé de cours aux Arts et Métiers. Il a été aussi intervenant dans le réseau SUP TG (groupe ESC Reims) et à l'ENSAD (Beaux Arts) de Reims.
Il a rédigé des cours par correspondance - lycée et BTS – pour CUF-Bordas, Éducatel et France-Formation. Il a dirigé et co-produit la série de manuels de français de la collection « Organibac », chez Magnard (8 volumes à ce jour, dont le Précis de Littérature française par siècle et par genre, *le* Précis de Littérature gréco-latine, *le* Précis des Littératures de la Communauté Européenne).
Il a publié en collaboration avec des professeurs de classes préparatoires De la méthode *aux éd. Ellipses, ouvrage de culture générale et de philosophie à destination des lycéens de Terminale et des élèves de « Prépas » littéraires et commerciales.*

ISBN 2-7298-4527-5

PRÉFACE

L'introduction d'un programme national — en principe renouvelable chaque année — sera la grande innovation de toutes les classes de Français de Première à la rentrée 95. Ce programme — à la fois large et ciblé — est destiné à nourrir les épreuves écrites et orales du « Bac Français » :

• *A l'écrit*, le troisième sujet, sujet de dissertation littéraire — qui n'était plus guère pratiqué jusqu'alors que par une minorité d'élèves — *prendra appui sur les œuvres étudiées durant l'année* par les lycéens autant que sur leur culture littéraire générale.

• *A l'oral*, les œuvres étudiées de façon suivie pourront figurer sur la liste d'oral et serviront, avec les groupements thématiques traditionnels qui resteront en vigueur, de base aux nouvelles modalités des épreuves (lecture méthodique et entretien).

Rappelons, pour mémoire, que le programme 95-96 comporte :

– pour toutes les séries *un conte philosophique de Voltaire,*

– pour les séries L/ES/S, de plus, *un roman d'apprentissage français du XIXe siècle,*

– pour la série L, en sus, *une tragédie racinienne.*

Mais chacun l'aura noté, le programme recèle une petite ambiguïté portant sur l'article indéfini : s'il est tout à fait envisageable de présenter à l'oral, comme œuvres complètes, *L'Ingénu* et/ou *Le Rouge et le Noir* et/ou *Britannicus*, sera-t-il possible aux mêmes étudiants de traiter un sujet de dissertation à partir d'*un seul* exemple ? Il paraît donc souhaitable, voire indispensable, de disposer sur *le conte voltairien*, sur *le roman d'apprentissage* ou sur *la tragédie racinienne*, d'éléments de référence complémentaires, provenant bien sûr de lectures personnelles, mais aussi de sources fiables et structurées de façon accessible.

C'est la raison d'être de ces RÉSONANCES GÉNÉRIQUES. Vous pourrez y trouver, sur chacun des thèmes du programme :

– une partie thématique succincte mais exhaustive qui vous donnera les repères fondamentaux (biographiques, littéraires, philosophiques...) et des textes complémentaires ;

– une partie pédagogique préparatoire à l'examen comportant à la fois :

- un ou deux sujet(s) de dissertation traité(s) sous forme de plans semi-rédigés (plus des sujets complémentaires),
- un ou deux exemple(s) de lecture méthodique,
- des questions-types d'entretien pour s'entraîner à cette modalité nouvelle de l'oral,
- des index, bibliographies, lexiques...

Bien entendu ces ouvrages ont été conçus, non pour apporter des réponses préfabriquées, mais pour être des initiateurs de lecture et des inducteurs de réflexion.

Que le programme 95 soit pour chacun l'occasion de découvertes multiples ! Et puissions-nous y avoir contribué !

Étienne Calais

INTRODUCTION

Les *Contes* de Voltaire sont depuis toujours la partie la plus appréciée de son œuvre, celle qui, contre l'attente même de leur auteur, lequel ne voyait en eux que « fadaises » et « facéties », ou pire encore, a traversé les époques les plus diverses avec un égal bonheur, tandis que l'immense production voltairienne, appelée, croyait-il, à défier l'éternité, a subi, comme on le sait, l'irréparable érosion du temps. L'étude des *Contes* s'imposait donc, mais exigeait d'abord une longue approche du XVIIIe siècle, ce Siècle des lumières dont Voltaire et son œuvre sont totalement indissociables, au point qu'on ne saurait les concevoir, l'un ou l'autre, l'écrivain ou son temps, sans cette réciprocité féconde. Après quoi nous avons tenté d'opérer un classement typologique des *Contes*, qui nous a conduit tout naturellement à poser les grandes questions attendues : pourquoi ces récits ont-ils toujours plu, pourquoi cette audience complaisante et intéressée à travers les caprices et les fluctuations des modes littéraires, en un mot, Voltaire a-t-il un secret ? En fait, ces *Contes* plaisent parce qu'au-delà de leurs qualités propre de style, d'esprit et d'aimable diversité, ils révèlent une unité. Cette unité est constitutive de la personne de Voltaire et s'identifie aux combats qu'il a menés, sa vie durant contre ses éternels ennemis : le mensonge, l'hypocrisie, l'injustice, et le plus redoutable de tous, le fanatisme, en un mot « l'Infâme » !

Notre étude s'est poursuivie par des propositions d'exercices plus spécifiquement pédagogiques tels que lectures méthodiques, thématique et linéaire, sujets de dissertations, jugements de divers auteurs et critiques sur les *Contes*, propres à relancer une réflexion qui ne manquera certainement pas de matière.

I – LE SIÈCLE DE VOLTAIRE

PANORAMA DU SIÈCLE DES LUMIÈRES

Le Siècle des lumières : c'est ainsi que l'on désigne habituellement le XVIIIe siècle, et la postérité a définitivement adopté cette appellation. C'est au demeurant Voltaire lui-même qui semble avoir employé pour la première fois cette formule dans un distique célèbre écrit à propos du XVIIe siècle, dont les dernières années le virent naître (Voltaire est né en 1694).

> De ton siècle brillant mes yeux ont vu la fin,
> Siècle de grands talents plutôt que de *lumières*.

Voltaire rendait ainsi hommage au XVIIe siècle, le Grand Siècle, tout en inventant l'heureuse formule de « Siècle des lumières » pour qualifier son temps, c'est-à-dire le XVIIIe. Rappelons toutefois que Rabelais avait utilisé ce mot dans la fameuse lettre de Gargantua exhortant à l'étude son fils Pantagruel : « Le temps était encore *ténébreux* et sentant l'infélicité et calamité des Goths qui avaient mis à destruction toute bonne littérature. Mais, par la bonté divine, la *lumière* et dignité a été de mon âge rendue ès lettres… » (*Pantagruel*, chap. VIII).

Que faut-il entendre par « lumières » ?

Il est à remarquer que les Allemands avaient déjà utilisé le terme de *Aufklärung* pour qualifier sensiblement la même période, les Français ne faisant que reprendre cette formule pour l'appliquer à eux-mêmes. Les lumières sont les lumières de la raison, par opposition aux ténèbres de l'erreur, de la superstition et de la croyance aveugle, imposées par voie d'autorité. Quelques mots d'explication sont ici nécessaires. Au XVIIe siècle, et depuis les débuts de la monarchie française, prévaut le principe d'autorité en toutes choses, et d'abord, bien entendu en matières politique et religieuse. Le roi Louis XIV, qui a régné de 1643 à 1715, est le souverain le plus absolu que la France ait jamais connu. Il imprime à toute décision sa marque personnelle et son autorité s'exerce dans tous les domaines, y compris dans le domaine religieux, ce qui signifie que le scepticisme et l'incroyance ne sont pas admis sous peine de graves sanctions. Le pouvoir politique et l'autorité religieuse sont étroitement associés et régentent rigoureusement les esprits.

La « libération » de 1715 et la Régence

Or voici que tout change en 1715 avec la mort de Louis XIV et l'instauration de la Régence. Le Régent, Philippe d'Orléans, cousin du roi, est un personnage intelligent mais sceptique, fort peu religieux et de mœurs assez libres. Aussi ce changement de régime, et disons de climat moral, provoque une véritable libération des esprits, des propos et des manières dans toute la société française. De grands espoirs naissent : on pense que le Régent va entreprendre ou tout au moins favoriser un certain nombre de réformes jugées nécessaires tant dans le domaine politique que social et économique (réforme du système fiscal, abolition ou tout au moins atténuation des privilèges nobiliaires, restriction des pouvoirs et de l'autorité de l'Église). En fait, tout va se terminer par la banqueroute semi-frauduleuse de Law, ce financier écossais qui avait fait miroiter aux yeux du Régent une expansion économique sans précédent et un enrichissement illimité pour l'État.

C'est pourtant au cours de cette période mouvementée que naissent et grandissent *les lumières*, c'est-à-dire les audaces de la raison, qui trouvent dans ces années de la Régence un climat particulièrement favorable à leur développement et à leur influence sur les esprits. C'est alors que va commencer l'âge d'or des *philosophes* dont Voltaire, dès ses débuts, sera l'un des représentants les plus autorisés et les plus qualifiés.

Qu'est-ce que la *philosophie ?*

Le mot de philosophie va prendre au XVIIIe siècle un sens tout à fait nouveau. Qu'appelle-t-on en général philosophie ? C'est une branche du savoir qui se propose d'étudier les principes et les causes au niveau le plus général, d'étudier les fondements des valeurs morales et d'organiser les connaissances en un système cohérent. Depuis qu'il est des hommes et qui pensent, la philosophie a toujours existé, comme en témoigne par exemple la philosophie grecque avec Socrate, Platon et Aristote. Mais dans l'Occident européen et depuis le Moyen Age, la philosophie a toujours été « contrôlée » ou inspirée par l'Église chrétienne qui en avait en quelque sorte le monopole. Toute pensée humaine ne pouvait alors que se référer au dogme* et à la conception chrétienne du monde. L'idée même d'une pensée libre, c'est-à-dire qui ne se réclamât pas de la foi chrétienne, était inconcevable et eût été sévèrement sanctionnée par ce que l'on appelait le « bras séculier », c'est-à-dire le pouvoir civil, étroitement associé à l'autorité religieuse (que l'on songe à « l'affaire Galilée* »).

Le « présupposé théologique »

Il existait, certes, en France, en Allemagne, en Hollande, en Angleterre, des philosophes, c'est-à-dire des gens qui faisaient profession de penser et d'échafauder des systèmes : un Descartes en France, un Leibniz en Allemagne, un Spinoza en Hollande, un Bacon en Angleterre. Mais tous ces gens avaient ceci de commun qu'ils se fondaient tous sur un « présupposé théologique », c'est-à-dire qu'ils mettaient Dieu à la base de leur système, et raisonnaient en fidèles — plus ou moins convaincus d'ailleurs — de l'Église chrétienne, ou éventuellement de l'obédience judaïque comme Spinoza.

Apparition des *philosophes*

Or voici que dès la fin du XVIIe siècle, apparaissent en France — sans parler d'autres pays européens — des écrivains qui se disent — et que l'on appelle philosophes, bien qu'ils n'aient jamais imaginé ni échafaudé aucun véritable système philosophique original, ce qui les apparenterait aux gens dont nous venons de parler. Ce sont simplement des esprits qui prétendent penser et raisonner librement, sans se soumettre aux dogmes ni aux impératifs de l'Église chrétienne (catholique ou protestante). Ce sont des gens qui osent affirmer, sur des sujets relevant d'une certaine tradition religieuse, des opinions très indépendantes et au besoin hostiles aux croyances généralement admises. Bayle (1647-1706) et Fontenelle (1657-1757) sont les représentants les plus marquants de cette nouvelle tendance, aussi passent-ils pour être les précurseurs de Voltaire et du Siècle des lumières.

Dans son *Dictionnaire historique et critique* — le premier du genre — paru en 1697, Bayle examine les idées et les notions communément admises, les critique, les juge, les confronte selon ses propres critères, sans se référer à une quelconque « idéologie dominante », qui à l'époque ne pouvait qu'être celle de l'Église catholique (il s'était d'ailleurs converti un temps au catholicisme, puis était revenu à la religion réformée). Dangereusement menacé par l'autorité royale en raison de ses idées, il dut se réfugier d'abord à Genève, puis en Hollande.

Fontenelle, neveu de Corneille, personnage aimable et disert, jouant sur sa très longue vie (il vécut centenaire), pour se prévaloir d'une grande expérience du monde et des hommes, s'attache à démontrer l'inanité des croyances païennes dans l'*Histoire des oracles* (1686), mais chacun comprend qu'à travers le paganisme, utilisé — par prudence — comme alibi, c'est le christianisme qui est visé... Dans les *Entretiens sur la pluralité des mondes* (également en 1686), le « philosophe » — on peut déjà employer ce mot — révèle à une dame de bel esprit que les corps célestes, les étoiles, les planètes et leurs mouvements — ce que nous appelons aujourd'hui le Cosmos — ne sont rien de plus qu'une vaste machine dont la marche est tout à fait semblable à celle d'une horloge et se passe très bien d'on ne sait quelle impulsion divine. D'où l'on conclut que la nature et ses lois, à elles seules, peuvent tout expliquer.

Le Siècle des lumières

Ces deux pionniers, Bayle et Fontenelle, dont la notoriété reste grande après leur époque, annoncent véritablement le « Siècle des lumières » — le XVIIIe — qui verra s'exercer et se répandre l'influence des « philosophes », c'est-à-dire de toute une pléiade d'écrivains, de penseurs, de publicistes[1] et de libellistes[2] qui, sans toutefois créer de systèmes philosophiques originaux, se proposeront de tout examiner et finalement de tout juger à la *lumière* de la seule raison humaine, récusant par avance toute explication

1 Écrivains politiques.

2 Auteurs de courts écrits, les libelles, en général polémiques.

ou tout critère de jugement qui se référeraient à un dogme religieux ou à un quelconque présupposé théologique. L'usage du mot *lumière* prend alors sa pleine valeur : le monde, la société, les hommes, les choses, les événements constituent un ensemble multiple et complexe, difficile à saisir et encore plus à juger. La réalité, dirons-nous, est enténébrée, confuse, trompeuse peut-être ; seules les lumières de la raison peuvent dissiper les nuées fuligineuses de l'erreur, de la superstition, de la croyance aveugle et fausse. Seule, la raison humaine, cette faculté incomparable, peut nous faire passer de l'ombre à la lumière, de l'ignorance à la science.

Quelques grands noms du Siècle des lumières. L'*Encyclopédie*

Hors Voltaire, qui est à l'évidence le plus grand et qui retiendra ultérieurement toute notre attention, les « phares » du Siècle des lumières sont Montesquieu, Rousseau et Diderot, ce dernier « épaulé » et conforté par le grand ouvrage collectif de l'*Encyclopédie*, qui fournira à tous les esprits audacieux de l'époque une sorte d'environnement tout à fait bénéfique.

MONTESQUIEU (1689-1755) peut être considéré comme le premier des philosophes, bien que, grand seigneur, il s'apparente encore très fortement à l'Ancien Régime dont il ne répudie aucunement les principes ni les structures sociales et religieuses. Sa grande originalité vient de son libéralisme et de la netteté de ses critiques à l'égard d'un système dont il ne perçoit que trop les excès et les défauts, toutes idées qu'il exprime dans son grand ouvrage *L'Esprit des lois* (1748). Montesquieu, tout en respectant la religion catholique, dont il est — par tradition — un pratiquant régulier, ne laisse pas de présenter les dogmes chrétiens et l'autorité pontificale de plaisante façon en les soumettant aux jugements ironiques des deux Persans des *Lettres persanes* (1721) ; procédé combien habile qui permet au philosophe d'esquiver les foudres, toujours redoutables, de la censure. Jean-Jacques ROUSSEAU (1712-1778), dans son œuvre la plus théorique, *Le Contrat social* (1762) se pose plus que d'autres en victime d'une société qu'il ressent comme injuste, et d'une religion dont le formalisme et la rigueur étouffent la bienveillance et la générosité qu'elle devrait au contraire favoriser. Aussi, dans *La Profession de foi du vicaire savoyard* (1762) Rousseau prêche-t-il le déisme du cœur, qu'il oppose au déisme de la raison prôné par Voltaire, son adversaire de toujours, dont par ailleurs les éloges du luxe, du progrès et de la richesse, prodigués dans *Le Mondain* (1736) le scandalisent. DIDEROT (1713-1784), quant à lui, est un personnage à part dans le clan des philosophes : il est complexe et mouvant, impulsif et versatile, sans que l'on puisse toujours savoir où il se situe, sinon qu'il exprime, sur le plan religieux, à la fin de sa vie, un athéisme radical, ce qui n'est pas le cas de ses « collègues », en général déistes. L'*Encyclopédie*, enfin, vaste ouvrage collectif, publié sous le titre secondaire de *Dictionnaire raisonné des sciences, des arts et des métiers*, donne le ton à tout le siècle et offre au public de multiples exemples d'une pensée libérale et conquérante, exprimée par une pléiade d'écrivains et de publicistes, de valeur inégale d'ailleurs, mais qui, sous la houlette de Diderot, leur chef de file et leur maître d'œuvre, se prévalent tous du titre d'Encyclopédistes, flatteuse recommandation pour certains, dangereuse compromission pour d'autres. Il est vrai que nombre d'articles de ce dictionnaire sont en eux-mêmes des sujets brûlants tels que l'âme, la raison, la religion, le culte, le dogme, Dieu.

C'est ici qu'apparaît un grand nom de la littérature militante du Siècle des lumières : Jean le Rond d'ALEMBERT (1717-1783). Recruté par Diderot, il collabore à la composition de l'*Encyclopédie* dont il rédige le fameux *Discours préliminaire,* en 1751, véritable manifeste de la science militante. D'Alembert, aux yeux de l'opinion publique et de la postérité, reste l'instaurateur et l'intronisateur de la raison en tant que faculté exclusive et maîtresse qui doit présider désormais à toute construction et à toute conquête de l'esprit humain, ceci à titre d'émule de Descartes et de représentant le plus autorisé du rationalisme[1]. Une des grandes innovations de d'Alembert est d'acclimater, en matière scientifique, l'idée d'*expérience*. Certes, nous n'en sommes pas encore au sens privilégié que prendra ce mot au XIXe siècle avec la naissance de la méthode expérimentale, conçue et mise en œuvre par Claude Bernard. A l'époque de d'Alembert, l'expérience, loin de désigner tout un processus d'étude méthodique d'un phénomène, n'est encore qu'un vocable très général désignant et englobant les mille et une données des sens. On ne dira pas encore « monter une expérience », mais « connaître par expérience », ce qui est plus élémentaire, mais

---

1 Toute doctrine tendant à attribuer à la raison une valeur éminente.

constitue la garantie et la caution du bon sens, du sens commun. L'idée d'expérience sera la base de toute connaissance et de toute étude scientifique ultérieure.

Tel est le contexte de nouveauté, d'invention, d'audace militante et conquérante, constituant en propre le Siècle des lumières, dans lequel va s'épanouir le génie fécond et inventif de Voltaire.

VOLTAIRE EN SON TEMPS

Plus que tout autre écrivain, Voltaire est intimement lié à son temps, en ce sens qu'il existe entre ce temps et lui un rapport de réciprocité tout à fait unique dans l'histoire de la littérature. Voltaire a eu cette chance, sans doute, de naître au moment le plus favorable à l'éclosion et à l'expression de son génie et de tous ses talents, circonstance fortuite assurément, qui a fait de Voltaire un homme heureux, c'est-à-dire — au sens de l'époque — chanceux. Mais il est vrai de dire aussi que cette époque, pour favorable qu'elle ait été, il l'a modelée à son image, formée et instruite à son usage, contribuant ainsi fortement à donner vie et consistance à ce « Siècle des lumières » qui, sans lui, n'eût peut-être pas eu l'incomparable rayonnement qui fut le sien. Cette chance de Voltaire de « coïncider » ainsi avec son époque, n'est pas un lot commun : bien souvent, un grand écrivain apparaît comme un novateur, un précurseur parfois incompris et méconnu. Stendhal, dont ce fut le cas, ne disait-il pas — en 1835 — « Je mets un billet à cette loterie dont le gros lot se réduit à ceci : être lu en 1935 ». Ce gros lot fut gagné, nous le savons. Mais Voltaire ne devait pas connaître ce genre d'épreuve : il était, dès ses débuts, promis au succès.

Les raisons d'un succès

Ne s'agit-il là que d'une chance ? d'un hasard heureux ? Non, car Voltaire avait pour lui des atouts sérieux, dont le premier était d'avoir reçu une solide formation classique et de posséder ainsi un bagage culturel qui l'introduisait de plain-pied dans son siècle. Voltaire possède ce double avantage d'être à la fois un homme d'Ancien Régime par toute sa personne, sa formation, sa culture, sa conversation, son aisance mondaine, et en même temps le messager d'un monde nouveau, celui du scepticisme railleur, de l'incroyance affichée, du culte de la vérité contre celui de l'autorité, de l'irrévérence moqueuse contre le formalisme, de la liberté contre les conventions.

Ses origines et son éducation

La première chance de Voltaire est d'être né, si l'on peut dire, au bon moment, et de bénéficier du même coup de cette heureuse coïncidence entre les dispositions naturelles qu'il va bientôt manifester, et l'esprit d'une époque ouverte à toutes les innovations et à toutes les audaces dans le domaine de l'esprit et des idées. Il est issu d'un milieu bourgeois et fortuné, le 10 octobre 1694. Son père est conseiller du roi, ancien notaire au Châtelet de Paris. Sa mère, Mme Arouet, fille d'un greffier criminel au Parlement de Paris, avait paraît-il brillé à Versailles et se distinguait par un esprit mordant, que son fils reçut sans doute en héritage ! Mme Arouet disparut prématurément et ce fut le parrain et oncle de Voltaire, l'abbé de Châteauneuf — prêtre quelque peu libertin*, c'est-à-dire de convictions légères — qui prit en charge l'éducation du jeune homme. Celui-ci poursuivit de très bonnes études classiques chez les jésuites du collège de Clermont (l'actuel lycée Louis-le-Grand), avec les enfants de la haute bourgeoisie parisienne et sous la direction de maîtres très qualifiés. Certains, d'ailleurs, resteront des amis fidèles de l'écrivain, amitiés d'autant plus chaleureuses que ces prêtres — jésuites donc — seront souvent des victimes de l'arbitraire royal, pour des raisons plus politiques que religieuses. Les Jésuites furent effectivement dissous en tant qu'ordre par le Parlement de Paris en 1762, mais ils furent autorisés à vivre dans le royaume en simples particuliers, et Voltaire, qui les avait toujours estimés, ne se fera pas faute d'héberger l'un d'eux, le Père Adam, à titre de chapelain particulier dans sa demeure de Ferney…

La Régence, une époque idéale pour Voltaire

Les débuts du jeune Voltaire dans la carrière littéraire sont brillants. L'époque s'y prête, avons-nous dit (cf. *supra*), la mort de Louis XIV ayant libéré des forces et des courants qui ne demandaient qu'à s'exprimer, forces et courants très divers, au demeurant, et très « foisonnants », mais qui, tous, semblent être porteurs d'une idée maîtresse : la liberté. Liberté politique, d'abord, sans contours bien précis, alors, mais qui serait une rupture avec les principes et les méthodes du roi défunt. L'absolutisme de Louis XIV, on le sait, était pesant, plus encore dans les dernières années du règne, où le roi appliquait sans discernement la règle du droit divin dont il était intimement pénétré, et qui était une possibilité, à lui octroyée, pensait-il, d'exercer un pouvoir absolu et sans contrôle. Or voici que tout va changer, du moins l'espère-t-on, dès le 28 septembre 1715, jour du décès de Louis XIV. Un monde nouveau semble naître, et l'on respire un air de liberté et de bonheur. Il est vrai que la personne et le gouvernement du Régent Philippe d'Orléans semblent autoriser tous les espoirs. On attend des réformes politiques, une libéralisation générale des institutions qui comblerait l'attente des philosophes. Il n'en sera rien, et le Régent, après quelques tentatives malheureuses, reviendra aux anciennes méthodes, qui avaient fait leurs preuves sous le règne du feu roi.

Voltaire, quant à lui, « papillonne » agréablement dans la société cultivée et brillante, certes, mais frivole, du quartier du Temple, à Paris, où l'a introduit son oncle et parrain, l'abbé de Châteauneuf. Le jeune poète — c'est ainsi qu'il se voit — enhardi par ses succès tant littéraires que mondains, écrit des vers contre le Régent qui lui valent, en 1717, un séjour à la Bastille ! C'est ainsi que Voltaire fait, contre toute attente, l'expérience de l'arbitraire, expérience amère dont il se souviendra lorsqu'il composera Candide en 1759, et qui l'engagera fortement dans la voie d'un pessimisme, même modéré, contre l'optimisme béat et inconsidéré des Leibniziens.

Une certaine instabilité

En dépit de ces nombreux gages de succès, la vie de Voltaire n'est ni simple ni facile. Bien qu'il ait la chance de vivre à une époque plutôt ouverte à ses idées, sa susceptibilité qui peut parfois tourner à l'insolence, et une ambition un peu trop affirmée l'exposent à des désagréments et à des mécomptes. Sa vie sera une longue suite de déplacements, de changements de résidences, voulus ou subis, selon les cas. Ajoutons que la simple prudence l'oblige aussi à quitter certains lieux pour échapper à de possibles poursuites : même encore au Siècle des lumières, des écrits jugés dangereux peuvent être saisis et leur auteur arrêté.

Les étapes d'une vie itinérante

Après le séjour à la Bastille que lui avaient valu, en 1717, ses vers trop audacieux contre le Régent, Voltaire, à la suite d'une altercation avec le chevalier de Rohan, devra se « reléguer » en Angleterre de 1716 à 1728, d'où il nous donnera *Les Lettres anglaises* ou *Lettres philosophiques* en 1734. Retour et séjour à Paris de 1728 à 1734, où il produit et fait jouer des tragédies avec un succès inégal. La condamnation des *Lettres philosophiques* en 1734, oblige Voltaire à se rendre à Cirey, en Lorraine, auprès de Mme du Châtelet qui l'hébergera pendant quinze ans. Après quoi l'écrivain cède aux sollicitations du roi de Prusse Frédéric II* et séjourne au château de Potsdam de 1750 à 1753. Des heurts avec son hôte royal contraignent Voltaire à quitter la Prusse pour résider aux Délices, près de Genève, de 1754 à 1758. C'est alors, et enfin, l'installation définitive à Ferney, en Franche-Comté, de 1758 à 1778, suivie d'un ultime retour à Paris, où il mourra le 30 mai 1778.

Voltaire et les idées de son temps

Voltaire, outre qu'il est un des plus grands écrivains de notre littérature, représente idéalement le Siècle des lumières et les idées de son temps. « Touche-à-tout de génie », a-t-on dit de lui, il est passionnément curieux de son époque et des grands et graves problèmes politiques, sociaux et économiques qu'elle pose. Par-dessus tout, il se veut très fortement critique à la fois des dogmes du christianisme, mais plus encore de l'autorité morale et civile qu'il fait peser sur les esprits au nom de son statut légal de religion d'État. N'oublions pas en effet, comme le dit François Furet, que « *la France est un espace catholique où l'omniprésence de la religion éclate partout* ». Un des objectifs principaux de Voltaire, le but de ses plus grands efforts, poursuivis avec une inlassable persévérance, c'est la défense de la pensée libre, donc de la tolérance en matière de religion et de morale. C'est en particulier à ce titre que Voltaire interviendra dans plusieurs affaires (affaire Calas*, affaire Sirven*, affaire La Barre*) mettant en cause des protestants ou des incroyants condamnés à tort, selon l'écrivain, ou tout au moins et pour certains, avec une excessive sévérité. Telles sont les grandes lignes de force de ce caractère, coïncidant, on le voit, avec les idées maîtresses du temps.

UNE ŒUVRE ABONDANTE ET DIVERSE. PLACE DES *CONTES*

L'œuvre de Voltaire est immense et variée, à l'image de l'extrême diversité de son talent. Il s'est essayé — avec plus ou moins de bonheur — à presque tous les genres, ce qui lui a donc valu le compliment ambigu de « touche-à-tout de génie ». Voltaire, disons-le aussi, s'est beaucoup trompé sur la valeur de ses écrits : il se croyait avant tout poète et se « percevait » comme tel ; c'est ainsi que ses œuvres jugées par lui les meilleures étaient, outre ses poèmes, ses pièces de théâtre, en vers ou en prose : il s'est réellement pris pour un émule de Racine, et ceci en toute bonne foi. Il ne prisait rien tant que ses succès à la scène, et il mourut — presque de joie — peu après la triomphale représentation d'*Irène* (en mai 1778), qui tourna à l'apothéose[1]. Voltaire ne se rendait pas compte sans doute que le public, en cette affaire avait honoré l'auteur plus que cette pièce sans grand éclat. En revanche, et nous le verrons, Voltaire ne prisait guère ses romans et contes, qualifiés par lui de « facéties », « fadaises », et même « petites coïonneries », alors que ce sont aujourd'hui les œuvres les plus appréciées.

Panorama des œuvres de Voltaire

Voltaire a donc pratiqué tous les genres. Dans cet ensemble, assez disparate, on pourrait distinguer les genres classiques et traditionnels des genres nouveaux, ceux dans lesquels l'écrivain a donné sa pleine mesure. La distinction entre poésie et prose — que l'on ne saurait toutefois appliquer au théâtre — semble de prime abord la plus commode pour une aussi vaste production.

La poésie

Voltaire s'est donc voulu poète, il en avait la vocation et l'époque ne pouvait que l'y engager. La poésie était alors un langage, le meilleur pensait-on, pour exprimer, plus peut-être que des sentiments, des idées, et ceci sous forme de morceaux souvent de grande ampleur que l'on appelait des poèmes, la prose étant plutôt réservée aux développements moraux, religieux, philosophiques et surtout historiques. Ajoutons que la poésie

---

1 Littéralement : mise au rang des dieux, honneurs extraordinaires rendus à quelqu'un.

était par excellence le langage du monde et des salons. Rien d'étonnant dès lors à ce que le jeune Voltaire se soit tout naturellement conformé à cet usage. Aussi s'est-il essayé à peu près à tous les genres poétiques, des plus nobles aux plus légers, de l'épopée* à l'épigramme*, du discours en vers au « rogaton* », comme il aimait à le dire.

L'épopée

***La Henriade* (1728)**

Le jeune Voltaire, par goût inné de l'histoire, commence *La Henriade* dès son séjour à la Bastille, en 1717. C'est un poème épique en dix chants, conçu selon toutes les règles du genre, et qui narre le difficile accès au trône de France de Henri de Navarre, le futur Henri IV. Cette œuvre vaut surtout par les développements politiques qu'y adjoignit Voltaire après son séjour en Angleterre, et qui gardent aujourd'hui un relatif intérêt. *La Pucelle d'Orléans* (1762), autre épopée, est un poème sarcastique, licencieux et graveleux qui retrace l'histoire, plus ou moins fantaisiste, de Jeanne d'Arc. Cette œuvre très provocatrice a été l'objet de jugements divers et souvent contradictoires.

Les *Discours en vers*

Les *Discours en vers* sont pour Voltaire une forme d'expression privilégiée convenant particulièrement bien à son esprit pénétrant, souple et tout à la fois convaincu et enjoué. Il existe sept discours, écrits de 1738 à 1740, sous le titre général de *Discours sur l'Homme*, se détaillant en : *de l'Égalité des Conditions, de la Liberté, sur la Vraie Vertu*, et quelques autres. Dans cette ligne paraît en 1765 le fameux poème *Sur le désastre de Lisbonne*, à propos du terrible tremblement de terre de 1755, occasion pour Voltaire de nier l'idée de Providence* et d'exprimer un pessimisme que Rousseau réfutera avec indignation.

Les *Épîtres* et *Poésies diverses* de ton moins soutenu, traitent de sujets plus particuliers et s'adressent à des personnes nommément désignées : *Épître à Mme du Châtelet sur la calomnie, à Boileau* (1769), *à Horace* (1772) ; *Le Mondain* (1736), éloge du progrès, est en fait une satire*. Voltaire tente aussi d'aborder les grands genres poétiques tels que l'ode, mais avec moins de bonheur : on ne saurait dire que l'*Ode à la Vérité* et le *Poème de Fontenoy* soient des réussites…

Le théâtre (en vers ou en prose)

Voltaire avait la passion du théâtre, ce qui ne signifie aucunement qu'il y ait connu — sinon ses plus grands succès — du moins ses plus belles réussites. Son erreur semble avoir été de croire qu'il suffisait de donner à ses pièces une portée philosophique, religieuse, morale ou simplement humaine, ce qui a toujours été son dessein, pour produire de grandes œuvres. Ce fut une regrettable erreur. Reconnaissons toutefois que Voltaire a voulu rénover la tragédie classique, ne serait-ce qu'en choisissant certains de ses sujets hors de l'Antiquité et en les situant dans d'autres lieux que la Grèce et Rome. Il en est ainsi de *Zaïre* (1732), *Alzire* (1736), *Mahomet* (1742), *L'Orphelin de la Chine* (1755), où l'on entend un coup de canon ! Malgré tout, les meilleures pièces semblent bien être *Brutus* (1730) et *La Mort de César* (1732).

Les œuvres en prose

L'Histoire

Sans aucun doute, Voltaire a été plus heureux comme historien que comme dramaturge. Sa curiosité naturelle en fait de recherche historique, sa passion de la vérité, sa vivacité d'esprit et l'aisance de son style lui promettaient le succès en cette matière. L'*Histoire de Charles XII** (1731), ce roi de Suède au caractère indomptable, dont peu s'en fallut qu'il ne conquît la Russie, donne à Voltaire la matière d'un ouvrage aussi passionnant qu'un roman d'aventures. C'est un modèle de récit vivant et alerte. *Le Siècle de Louis XIV* (1751, édition définitive en 1768), est une grande entreprise, une sorte d'hommage rendu à Louis XIV beaucoup plus en tant que protecteur des lettres et des arts que comme politique ou conquérant. C'est une histoire de la civilisation, genre nouveau à l'époque. L'*Essai sur les mœurs et l'esprit des nations* (1756), est un vaste essai — en effet — d'histoire, et même de philosophie politique générales dont l'intention morale est certaine, et peut-être trop visible. Mais l'intérêt d'une telle entreprise est indiscutable.

Philosophie et essais divers

Dans ces ouvrages, de forme assez libre en général, Voltaire exprime sur le ton de la simple conversation les idées qui lui sont les plus chères et qui eurent en fait le plus d'influence sur les contemporains. Mais ces écrits attirèrent aussi le plus d'ennuis à leur auteur sous forme de saisies et d'interdictions ; les plus connus sont : les *Lettres philosophiques* (1734), écrites après son séjour en Angleterre, où Voltaire fait l'éloge de la société d'outre-Manche, infiniment plus libérale que la société française. Le *Traité sur la tolérance* (1763), inspiré par l'affaire Calas*, eut un énorme retentissement et une immense portée. Quant au *Dictionnaire philosophique portatif* de 1764, on peut considérer que c'est le plus net et le plus explicite des ouvrages voltairiens, en particulier à l'égard de l'autorité religieuse. La *Correspondance* enfin, avec les dix mille lettres qui nous restent, est une matière inépuisable pour toute recherche et un témoignage d'époque irremplaçable.

Place particulière des romans et contes dans l'œuvre de Voltaire

Les romans et contes tiennent une place très particulière dans l'œuvre de Voltaire et figurent aujourd'hui parmi les plus appréciés de ses écrits. Curieusement, avons-nous dit (p. 15), Voltaire n'en jugeait pas ainsi et les considérait comme des amusements de peu de prix, très inférieurs à ce qu'il croyait être ses grandes œuvres, c'est-à-dire essentiellement ses tragédies…

Comment Voltaire fut-il amené à écrire des contes ? Est-ce en vertu d'un projet bien arrêté ou pour des raisons fortuites ou occasionnelles ? En tout cas, une première remarque s'imposc : la chronologie des contes nous révèle que leur composition fut tardive. Le premier conte *Zadig*, est de 1746, Voltaire avait cinquante-deux ans, les derniers sont de 1774, Voltaire avait quatre-vingts ans. Ce sont donc des œuvres d'âge mûr, sinon même de vieillesse.

Pourquoi Voltaire écrivit-il des contes ?

Comment expliquer l'apparition si tardive de ce genre nouveau dans la carrière littéraire de Voltaire ? A cela, on peut trouver certaines raisons. La vocation première de Voltaire, c'est la satire, la polémique* et dans une certaine mesure l'ironie et la dérision. Mais il a également le goût des écrits sérieux, des grands développements philosophiques, moraux, politiques qui sont l'héritage de sa culture classique. Ces deux tendances se sont également manifestées chez lui pendant une grande partie de sa jeunesse et de son âge mûr et ont produit les œuvres nombreuses et diverse ci-dessus mentionnées : épopées, tragédies, discours en vers, poèmes philosophiques et moraux, alors que pendant le même temps se succédaient satires, épigrammes, libelles et « rogatons ». Puis l'âge est venu, et avec lui la réflexion parfois amère sur les échecs, les déceptions, les mécomptes qui sont le lot inévitable de toute existence. Et voici que chez Voltaire, cette expérience devient réflexion, méditation, sagesse, lesquelles, tout naturellement, trouveront une nouvelle forme d'expression dans un genre peu pratiqué jusqu'alors : le conte ; et ces contes de Voltaire seront des contes moraux, non pas édifiants, certes, mais sans autre dessein que de plaire et de charmer d'abord, mais aussi d'inviter à la réflexion et de promouvoir peut-être quelque sagesse... Tel paraît être le but de Voltaire en s'essayant à ce genre nouveau.

Les principaux contes

On hésite encore aujourd'hui entre roman et conte pour désigner ce genre d'écrits. En fait, le nom de conte semble devoir être préféré à celui de roman comme terme générique convenant à des œuvres aussi diverses — tant de forme que de fond — que *Zadig*, *Candide*, *L'Aventure indienne* et *Le Crocheteur borgne*, entre lesquelles apparaissent d'importantes disparates. Nous adopterons donc définitivement le terme de contes.

Zadig ou la Destinée **(1746)**

Le sage et honnête Zadig semble promis aux plus brillants emplois. Il y parviendra sans doute, à force de raison et de persévérance, mais non sans avoir éprouvé la malignité des hommes et l'injustices du sort.

Micromégas **(1752)**

L'argument de ce conte est très fantaisiste et annonce presque la science-fiction...Un — grand — habitant d'un satellite de Sirius et un — petit — habitant de Saturne (Micromégas veut dire petit-grand), abordent sur la Terre et découvrent avec surprise la prétention et l'outrecuidance* des humains.

Candide ou l'optimisme **(1759)**

Ce conte est une réfutation des théories optimistes du philosophe allemand Leibnitz et une réponse à ses partisans, fortement hostiles à Voltaire. Le jeune et naïf Candide, lancé à travers le monde, découvre que tout n'est pas « au mieux », et que la tragi-comédie humaine semble bien menée par le hasard. Ce conte est généralement considéré comme le chef-d'œuvre de Voltaire.

***L'Ingénu* (1767)**

Un Huron — Indien d'Amérique du Nord — représentant typique du « bon sauvage », débarque en France et se trouve confronté à des institutions, des usages et des coutumes qui le surprennent ; occasion pour Voltaire d'une mordante satire.

***L'Homme aux quarante écus* (1768)**

Un « homme quelconque », de situation générale moyenne, se trouve pris dans l'entrelac complexe et souvent absurde des contraintes fiscales, économiques et financières.

Ces contes ne sont que les principaux et les plus connus. Mais Voltaire en a écrit au total près d'une trentaine.

II – VOLTAIRE EN SES CONTES

LE GENRE DU CONTE

Le conte est indiscutablement un genre littéraire au même titre que tous les autres, avec cette différence toutefois que les caractéristiques et les normes de composition en sont moins précises. Ce genre non seulement n'a ni règles, ni conventions, ni contraintes formelles, mais il ne peut se référer à aucun modèle ni à aucune tradition antiques. Il existe, certes, des chefs-d'œuvre du conte, mais ils n'ont pas force d'exemples. Le conte s'est pratiqué et développé dans une liberté totale, bénéficiant ainsi d'un statut très particulier qui en fait un genre assez marginal, et ceci dans toutes les littératures.

Qu'est-ce que le conte ?

Selon les définitions les plus courantes, le conte est « un récit court et plaisant d'aventures le plus souvent imaginaires ». Voilà une définition bien brève. Sans doute le conte est-il le mot le plus simple pour désigner le récit oral d'un événement, que cet événement soit réel ou imaginaire, et ceci apparaît dans la similitude de sens entre conter et raconter. En fait, ce nom et ces deux verbes ont une étymologie, c'est-à-dire une origine commune qui est le latin *computare,* lequel veut dire compter, ce qui peut paraître surprenant. Il n'y a donc pas de différence à l'origine entre le conte de fées et le compte rendu : la divergence orthographique seule a marqué la différence de sens, vers le XIIe siècle pense-t-on.

Le conte trouve ses origines dans les civilisations les plus primitives qui ne connaissent pas l'écriture. Le conte, c'est alors la magie du verbe, grâce à l'envoûtement exercé par le conteur ; c'est un récit qui émeut, intéresse, captive, utilise et exploite toutes les ressources psychologiques des auditeurs. Le métier de conteur est un des plus vieux métiers du monde…

Le conte instructif et moral. Quelques grands auteurs

Il est probable que, dès ses origines — purement orales donc — le conte a voulu se donner une signification morale. Il s'est assigné pour but — grâce aux prestiges du récit — de faire entrevoir, et finalement de suggérer plus ou moins discrètement, non seulement une vérité des choses, mais une vérité morale.

Le conte en tant que genre littéraire est fort ancien. Il est assez largement représenté en France dans la littérature du Moyen Age, soit sous une forme épique et mystique comme dans *Perceval* ou le *Conte du Graal*, soit sous une forme populaire comme dans les fabliaux qui sont, en fait, des contes gais, plaisants, grivois à l'occasion, mais dont le niveau d'élaboration et d'expression reste faible.

C'est à la vérité au XVIe siècle qu'apparaît — en Italie — le véritable créateur du conte littéraire qui est Boccace (1313-1375) avec le *Décaméron* (1353), qui est un recueil de contes. Le prétexte à la composition de cette œuvre est ingénieux. Au cours de la peste de Florence en 1348, sept jeunes femmes et trois jeunes hommes abandonnent la ville et se retirent dans une maison de campagne. Là, on décide que chaque jour, chacun des dix participants devra raconter une histoire sur un thème donné par le roi ou la reine du jour, ce qui signifie que l'on entendra dix fois dix histoires, pendant les dix jours du séjour. D'où le titre de *Décaméron* qui signifie période de dix jours. Boccace semble avoir porté le conte à son plus haut degré de perfection. Ses contes, en raison de leur grande finesse psychologique en même temps que de leur verve comique et de leur style original et pur, ont largement fait école, et ont inspiré à coup sûr *L'Heptaméron* de Marguerite de Navarre (1492-1549), qui est également un recueil de contes (parution posthume en 1558) suivis d'un débat entre les auditeurs — supposés — où l'on raisonne et discute sur la moralité de l'histoire. Les Contes allégoriques et satiriques de Bonaventure des Périers (1500-1544) qui ont pour titre le *Cymbalum mundi* (le Carillon du monde, 1537) donnent lieu au même genre de remarque : bien que l'aventure soit réelle, nous dit l'auteur, elle n'est qu'un thème à réflexions.

Cette vocation morale du conte, très tôt apparue, semble-t-il, s'est manifestée de diverses manières, lesquelles pourraient toutefois se classer en deux groupes : *les moralités de constat et les moralités d'enseignement.*

Ce double aspect apparaît très clairement dans les *Fables* de La Fontaine, genre très voisin du conte :

> La raison du plus fort est toujours la meilleure,
> Nous l'allons montrer tout à l'heure. (« Le Loup et l'Agneau »)

Mais une autre fable nous dit :

> Garde-toi, tant que tu vivras, de juger les gens sur la mine.
> (« Le Cochet, le Chat et le Souriceau »)

Rappelons que La Fontaine a aussi écrit des *Contes* en vers (1674), également porteurs — quoique licencieux — d'une certaine moralité, mais moins nette et moins bien venue que celle des *Fables*, donc moins probante.

Les moralités de constat sont les conclusions tirées d'un récit, certes exemplaire, mais se bornant à exprimer la constatation — souvent attristée — d'un fait, sans donner lieu à un conseil ou à une exhortation qui seraient la contre-partie positive de ce constat. De ce que la raison du plus fort est toujours la meilleure, nous ne sommes nullement conviés à redresser les torts…

Les moralités d'enseignement sont fort différentes : dans une situation donnée de malheur ou d'injustice, elles proposent une action, et non une soumission à la fatalité :

> Travaillez, prenez de la peine,
> C'est le fonds qui manque le moins. (« Le Laboureur et ses enfants »)

Or le conte, en tant que genre moral, n'échappe pas à cette règle, et le « cultivons notre jardin », qui conclut le *Candide* de Voltaire, en est la parfaite application. Certes, il existe des contes fantastiques et des contes de fées. Mais ils ont en général un sens, parfois symbolique, et sont au moins une invitation à réfléchir ; ils expriment donc, ne serait-ce que tacitement, un appel à la sagesse.

La spécificité du conte

Il est bien des manières de proposer des contes au public. Certains naissent d'une invention directe de l'auteur, d'autres s'inspirent de la tradition populaire, comme les contes de Perrault ou des frères Grimm, chacun d'eux à sa manière d'ailleurs. Il en est qui sont visiblement et même parfois explicitement orientés par une intention morale, et dont se ressent tout le récit. C'est ainsi qu'à l'époque même où Voltaire écrivait ses contes, on eut les *Contes moraux* (1761) de Marmontel (1723-1799), lequel se déclarait disciple et ami de Voltaire. Mais on considère que cette tentative de moraliser à tout prix — ainsi que la médiocrité du style — alourdissent l'ouvrage et en atténuent fâcheusement la portée. D'autres contes se sont montrés plus discrets en fait d'intentions moralisatrices et leur qualité, même morale, y a considérablement gagné. C'est le cas, bien entendu, des contes de Voltaire.

Plaire et captiver

Plus que pour aucun autre genre littéraire, le premier objectif du conte, quel qu'en soit le sujet, est de plaire. Cette nécessité tient à sa nature. Le récit oral, fait par un conteur qualifié et particulièrement doué, doit captiver l'auditoire, que ce soit par l'intérêt propre du récit, ou par un certain charme incantatoire qui en émane. Le modèle du genre nous est offert à tout jamais par *Les Mille et une Nuits* puisque là est la raison d'être de ces récits : captiver l'intérêt d'un sultan cruel et le rendre avide de savoir la suite au point de surseoir chaque matin à l'exécution de son épouse.

Le conte voltairien

Les contes de Voltaire présentent en général les caractéristiques et les qualités dont nous venons de parler, principalement l'intérêt, l'agrément, la portée morale et philosophique, mais bien d'autres attraits aussi parmi lesquels on se doit de citer l'intelligence, la finesse, l'humour, l'ironie décapante qui peut aller jusqu'au sarcasme. Il est vrai que jusqu'alors, ce que l'on appellera la « prose narrative », autre nom du conte, s'était trouvée dans une position subalterne par rapport aux autres genres plus cotés par la hiérarchie littéraire. Le conte, nous l'avons dit (cf. p. 21), était un genre plutôt marginal, plein de vitalité, certes, mais peu et mal reconnu par la critique. Or voici que Voltaire donne au conte ses lettres de noblesse et en fait un genre brillant et raffiné dont *Candide* et *Zadig* représentent assurément l'idéal. La qualité spécifique du conte voltairien est d'être à la fois captivant et chargé de sens. La fantaisie, même si d'aventure elle est totalement gratuite ou en donne l'apparence, sera bien vite récupérée et deviendra l'instrument et parfois même l'arme efficace d'une polémique. Ce semble être là une des raisons majeures du succès de ces contes et de la grande audience qu'ils ont gardée.

LA TYPOLOGIE DES CONTES VOLTAIRIENS

L'ensemble des contes voltairiens représente un échantillonnage extrêmement varié de formes, de modèles et de genres, depuis le conte-roman tel que *Zadig* et *Candide* jusqu'au *Pot-Pourri* dont le seul titre est une suffisante définition. C'est en effet une suite passablement hétéroclite de courts paragraphes écrits semble-t-il dans l'improvisation et la diversité totales, une relative unité étant donnée par la réapparition d'un certain M. Polichinelle d'un morceau sur l'autre, avec toutefois une inspiration d'ensemble qui serait une protestation contre les abus du clergé et les gaspillages financiers de l'Église. Entre ces deux extrêmes apparaît toute une gamme de récits philosophiques, moraux, satiriques ou critiques, de tons et de manières extrêmement divers, et — on doit le dire — de qualité assez inégale. Il importe donc d'établir une typologie aussi précise que possible du conte voltairien, c'est-à-dire un classement par genres ou par types.

Les contes-romans ou contes majeurs : *Zadig* (1747), *Micromégas* (1752), *Candide* (1756) et *L'Ingénu* (1767). Ces œuvres ont la composition, la cohérence et la facture de créations romanesques. Leurs personnages, ceux qui donnent leur nom au livre (lequel s'appelle alors roman éponyme), possèdent la consistance — non sans certaines réserves parfois — de véritables héros de romans. Ces quatre œuvres forment une sorte de groupe, procédant d'une conception commune et d'un projet commun. C'est un ensemble, qui s'est donné pour objectif, à travers les aventures ou les tribulations du héros, de dénoncer les défaillances humaines, la vanité, l'ambition, la duplicité, et surtout le mensonge individuel ou collectif. Il s'agit de mettre en garde le lecteur contre les pièges de l'homme et de la société. Ce sont aujourd'hui, et depuis toujours, les œuvres les plus appréciées de Voltaire.

Le conte allégorique : *Petite digression* (1766), *Éloge historique de la raison* (1775), *Aventures de la mémoire* (1775). Ce genre de conte nous présente les aventures, tribulations et souvent infortunes d'abstractions personnifiées, par exemple la Raison et sa fille la Vérité, ou la Mémoire. On retrouve dans ces récits la littérature allégorique du Moyen Age où Nature, Amour, Faux-semblant, Franchise et Pitié se comportent en personnages de romans.

Le conte oriental (ou pseudo-oriental) : *Le Crocheteur borgne* (écrit en 1748), *La Princesse de Babylone* (1768), *Le Monde comme il va* (1748), *Lettre d'un Turc sur les fakirs et sur son ami Babacuc* (1750), *Le Blanc et le Noir* (1764), *Memnon ou la sagesse humaine* (1749), *Les Lettres d'Amabed* (1769), *Le Taureau blanc* (1774). Ces contes sont fortement influencés par le goût de l'Orient et de sa sagesse tant vantée, ainsi que du décor oriental, goût si commun au XVIIIe siècle depuis les *Lettres persanes* de Montesquieu, en 1721.

Le conte philosophique et moral : *Les Deux consolés* (1756), *Histoire d'un bon Bramin* (1761), *Jeannot et Colin* (1764), *Histoire de Jenni* (1775), *Les Oreilles du comte de Chesterfield* (1775), *Aventure indienne* (1766), *Songe de Platon* (1756), *Cosi-Sancta* (1774). On pourrait dire que tous les contes de Voltaire sont porteurs d'une vérité philosophique et morale ; ceux-là le sont plus que d'autres parce qu'ils sont plus directement orientés en ce sens et que le décor et les « extérieurs » de l'action y sont plus discrets. De ce fait, la leçon philosophique et morale y est plus exemplaire.

Contes atypiques (hors catégories) : *L'Homme aux quarante écus* (1768), *Histoire des voyages de Scarmentado* (1756), *Pot-Pourri* (1765). Ces trois contes ont chacun leur sujet et leur style particulier, et n'entrent dans aucune catégorie bien définie.

Analyse et caractère des principaux contes

Zadig ou la Destinée (1746), est le type même du conte oriental, si apprécié au XVIIIe siècle. Le riche et sage Babylonien Zadig (celui qui dit la vérité), est devenu favori du roi, qui a su reconnaître ses éminentes qualités. Zadig a une grande confiance dans le destin, et deviendra un ministre « éclairé » du roi ; mais son amour pour la reine Astarté l'oblige à se démettre de ses fonctions et à quitter la cour. Il va alors connaître les jalousies, les trahisons, les contradictions et les méchancetés humaines, aggravées des plus éprouvantes tribulations : ne deviendra-t-il pas l'esclave du marchand égyptien Sétoc ? Mais sa sagesse et ses conseils avisés triompheront du mauvais sort, ainsi que des jalousies et des rivalités : il épousera finalement la reine Astarté et deviendra roi de Babylone.

La lecture de *Zadig* est une fête de l'esprit : l'intrigue est ingénieuse et plaisante, la morale qui s'en dégage est une leçon d'optimisme sage et éclairé : ne perdons jamais confiance ; par notre travail, notre courage et notre persévérance, nous pouvons changer le cours des choses et parvenir au bonheur.

Micromégas (1752). Ce conte, écrit en 1739, fut publié en 1752. Micromégas « est un habitant d'une des planètes qui tournent autour de l'étoile nommée Sirius », et son nom, tiré du grec, signifie petit-grand (il a huit lieues de haut). Micromégas, à cause de ses audaces de pensée, est condamné par les doctes de sa planète à l'« exil cosmique ». Il voyage donc de globe en globe, « atterrit » sur Saturne, et émerveille par son intelligence un Saturnien, secrétaire de l'Académie de Saturne. Du coup, ce « nain de Saturne » (il n'a qu'une demi-lieue de haut), accompagne Micromégas dans son périple. Nos deux voyageurs parviennent sur la Terre, au moment où une mission de savants explore le cercle polaire. Une conversation s'engage entre les deux « extraterrestres » et les humains, savants en l'occurrence. Ceux-ci font preuve, sur divers sujets scientifiques, philosophiques et théologiques, d'une outrecuidance et d'une suffisance qui stupéfient les deux voyageurs, et les « fâchent un peu de voir que les infiniments petits ont un orgueil presque infiniment grand ».

Ce conte présente une savoureuse originalité, qui le différencie des autres et lui vaut aujourd'hui, à n'en pas douter, un regain d'intérêt. Certes, le *Gulliver* de Swift et certains récits de Rabelais ont pu inspirer Voltaire. Mais on peut penser aussi que l'écrivain a conçu ce récit lors de sa « période scientifique », à Cirey, chez Mme du Châtelet. Il est exact que Voltaire s'est alors initié aux sciences, en particulier à la physique de Newton et à l'astronomie, celle-ci fort en honneur dans la bonne société depuis que Fontenelle avait écrit ses *Entretiens sur la pluralité des mondes* en 1686. Il n'est pas sans intérêt de noter que Voltaire a imaginé un ingénieux moyen de propulsion pour son Micromégas : « Notre voyageur connaissait merveilleusement les lois de la gravitation, et toutes les forces attractives et répulsives. Il s'en servait si à propos que, tantôt à l'aide d'un rayon de soleil, tantôt par la commodité d'une comète, il allait de globe en globe, lui et les siens, comme un oiseau voltige de branche en branche ». Voilà qui rejoint les conceptions les plus avancées de notre astronautique qui se propose d'utiliser également la force d'attraction des astres pour ses voyages spatiaux !

Candide ou l'Optimisme (1759). Il y avait dans un château en Westphalie « un jeune homme au jugement assez droit, avec l'esprit le plus simple. C'est, je crois, pour cette raison qu'on le nommait Candide ». Ce jeune homme vivait heureux entre Mlle Cunégonde, la fille du maître, et le philosophe Pangloss qui prêchait la philosophie optimiste aux hôtes du château. Mais Candide, qui fait une cour trop pressante à Cunégonde, est chassé du château de Thunder-Ten-Tronck. Alors commence pour Candide une série d'aventures déplaisantes et souvent tragiques, tandis qu'il poursuit une sorte de croisière de malheur d'Europe en Amérique, puis d'Amérique en Europe, constatant tout au long de ce voyage qu'il s'en faut vraiment de beaucoup que tout soit au mieux dans ce monde, comme le lui avait enseigné le docteur Pangloss. Enfin, après bien des péripéties, Candide et ses compagnons, dont Pangloss et Cunégonde qu'il épouse, s'installent dans une petite métairie près de Constantinople et rendent leur vie supportable par le travail.

Candide est le chef-d'œuvre du conte voltairien. Il exprime avec une aisance, une élégance et un détachement admirables, mais aussi une sensibilité et une conviction très affirmées, les grands problèmes moraux, sociaux et métaphysiques que Voltaire s'est posés toute sa vie. Mais ce conte-roman vaut par bien d'autres qualités tant de fond que de forme. Il représente la parfaite maîtrise d'un art qui s'est pleinement réalisé dans ce genre.

L'Ingénu (1767), est également un conte-roman qui nous dit les surprises et étonnements d'un Huron « bon sauvage », jeté brusquement au milieu des institutions et des mœurs françaises du XVIIe siècle, qui lui paraissent pour le moins étranges. C'est un conte philosophique et surtout satirique dont l'action se passe sous le règne de Louis XIV. Un jeune homme qui a toujours vécu parmi les Hurons, tribu indienne d'Amérique du Nord, habitant la région des Grands Lacs, et traditionnellement alliée aux Français, débarque en Basse-Bretagne où un prieur — directeur de monastère — et sa sœur, le reconnaissent pour leur neveu. Il s'éprend de sa marraine, Mlle de Saint-Yves, qu'il ne peut épouser selon les lois de l'Église. Ce Huron s'appelle de son vrai nom Hercule de Kérabon. Cette histoire exprime la condamnation par Voltaire des ridicules contraintes sociales et religieuses qui troublent bien inutilement la vie des individus.

Les contes allégoriques

Petite digression (1766). Les aveugles de l'Hospice des Quinze-vingts se permettent de juger des couleurs : un sourd se gausse d'eux et déclare que seuls les sourds sont capables de juger des sons. Ce conte est une allégorie* philosophique et une satire de l'aveuglement des philosophes qui croient pouvoir juger des grandes questions avec leurs seules « lumières », alors qu'ils ne voient rien.

Éloge historique de la raison (1775). Ce conte semble inspiré de *L'Éloge de la folie* d'Érasme (1511). C'est également un conte allégorique : la Raison est personnifiée, et l'on retrouve la littérature allégorique du Moyen Age, avec des personnages comme Ignorance, Fanatisme et Fureur. La Raison se cache dans un puits avec la Vérité, sa fille. Le bilan de ce conte est optimiste : on pense que la Raison et la Sagesse ont fait quelques progrès...

Aventure de la mémoire (1775). C'est un conte allégorique en forme d'apologue*, c'est-à-dire de fable, à la manière de La Fontaine (cf. *Les Membres et l'Estomac*, III, 2). Voltaire y pose le problème des idées innées, auxquelles il se refuse à croire. Les Muses décidèrent un jour de supprimer la mémoire. Alors personne ne se souvint plus de rien, pas même de sa propre langue. Mais les Muses eurent pitié. Sans les sens, point de mémoire, sans mémoire, point d'esprit. Ce récit est à la fois concret, allégorique et symbolique.

Le conte oriental (ou pseudo-oriental)

Le Monde comme il va (1748). Ce conte est une leçon de modération et d'indulgence : il faut admettre que le monde est composé de bon et de mauvais. Le symbole en est une statue, faite à parties égales des matières les plus précieuses et les plus viles. Va-t-on sacrifier cette statue sous prétexte qu'elle n'est pas composée que de diamants ?

Lettre d'un Turc sur les fakirs et sur son ami Bababec (1750). Un Turc musulman parle avec Omri le bramin. Ce conte est une critique mordante des fakirs et de leurs ridicules épreuves de la chaise à clous et autres du même genre. Le bramin sensé (il s'en trouve !) prétend faire son salut par de bonnes œuvres, mais on lui rétorque qu'il devra se contenter du dix-septième ciel, alors que le fakir à clous peut espérer beaucoup mieux ! Qui plus est, le fakir à clous jouit d'un bien plus grand crédit auprès de la population.

La Princesse de Babylone (1768), est un conte merveilleux, de style oriental. Dès le début, Voltaire nous introduit de plain-pied dans cette fantaisie chronologique où il se complaît. « Les prédécesseurs (du roi, père de la princesse), avaient bâti Babylone plus de trente mille ans avant lui ». L'histoire est longue et complexe. La princesse ne peut épouser que celui — prince du sang comme elle — qui aura victorieusement subi les dures épreuves imposées. Mais c'est un inconnu, fils de berger, qui remporte l'épreuve... La princesse, pour obéir à un oracle, doit courir le monde, accompagnée d'un oiseau merveilleux, un phénix âgé de 27 900 ans ! Ce conte, éminemment fantaisiste, et qui n'est pas, il faut le dire, un des meilleurs de Voltaire, est une histoire d'amour sous forme de voyage-poursuite.

Les Lettres d'Amabed, traduites par l'abbé Tamponet (1769). Ce conte est en fait un roman épistolaire sur les mésaventures d'un couple d'Indiens « bracmanes », à Goa, qui vont être amenés à connaître Rome et l'Occident. Ce voyage leur révélera, hélas, bien des vilenies et des horreurs... Vilenies de la part de certains membres du clergé catholique tels que les pères Fa Tutto et Fa molto, horreurs commises par l'Inquisition dans le traitement des « coupables ». Certaines lettres de détresse des deux Indiens, sont à cet égard poignantes. Ce conte est à la fois un très bon récit de voyage et un excellent roman par lettres, qui puise une heureuse et profitable inspiration dans les *Lettres persanes* de Montesquieu (1721).

Les contes philosophiques et moraux

Les Deux consolés (1756), est une brève anecdote philosophique et morale, qui veut souligner — malicieusement — que le temps est un grand remède à tous les maux. Un philosophe donnait des leçons de résignation à une femme malheureuse. Ce philosophe perdit son fils, souffrit beaucoup, et après quelque temps revit la femme. Tous deux étaient fort guillerets ; donc le temps console de tout.

Jeannot et Colin (1764), est un conte moral, le plus simple et le plus connu de tous, mais c'est aussi un conte gai. Voltaire avait dit lui-même : « Je me suis mis à être un peu gai parce qu'on m'a dit que cela est bon pour la santé ». On connaît l'histoire : deux amis collégiens, Jeannot et Colin, étaient unis par une chaleureuse affection. Mais le père de Jeannot fit fortune, et du même coup le fils regarda de haut son ancien ami Colin qui sentit son néant et pleura. Mais le père de Jeannot fit de mauvaises affaires et sa fortune s'écroula. Le bon Colin ne tint aucune rigueur à Jeannot de sa conduite passée et l'amitié les réunit de nouveau. C'est donc une petite histoire morale, simple et touchante, que nous livre ici Voltaire, et qui tranche avec l'afféterie* parfois excessive de certains contes. Il est vrai que Voltaire se trouvait alors en pleine activité polémique : il avait écrit le *Traité sur la tolérance*, travaillait au *Dictionnaire philosophique*, et sentait le besoin d'une détente morale.

Histoire de Jenni, ou l'athée et le sage (1775). Au cours de la guerre de Succession d'Espagne, en 1705, où l'Angleterre attaquait l'Espagne, alliée de la France, un jeune Anglais blessé, Jenni, tombe aux mains des Espagnols. Cet hérétique, puisque protestant, est jeté au cachot par le Saint-Office, en attendant d'être brûlé. Mais l'Anglais Freind, personnage important et père du jeune homme, fait délivrer son fils. Alors commencent entre Freind et l'inquisiteur Caracucarador d'âpres discussions théologiques dont l'issue n'apparaît pas clairement, et Voltaire ne semble pas tout à fait à l'aise dans ce genre de débats. Il est certes de bons passages dans ce conte, mais l'écrivain ne maîtrise pas suffisamment son sujet. De là une certaine impression d'éparpillement qui fractionne et ralentit le cours du récit.

Les contes atypiques

Ces contes, avons-nous dit, n'entrent pas dans des catégories bien définies, et ce ne sont peut-être pas non plus les meilleurs de Voltaire. Toutefois, on ne peut se dispenser de citer *L'Homme aux quarante écus* (1768), qui traite de sujets très particuliers : l'économie, la finance et surtout les abus et excès de la fiscalité. A travers une narration assez maladroite, Voltaire laisse transparaître son goût pour les questions économiques et financières qu'il aura l'occasion d'appliquer avec succès dans sa « seigneurie » de Ferney.

L'ART DU CONTE CHEZ VOLTAIRE

Le conte est un genre peu pratiqué, aussi n'a-t-il fait l'objet d'aucun précepte, d'aucune règle ni d'aucun art d'écrire (rappelons qu'il y eut pour la poésie plus d'un *Art poétique*). Ce qui signifie que chaque auteur de contes a exercé l'entière responsabilité de ce qu'il écrivait, et n'a été jugé que sur ses seuls mérites. Ce fut naturellement le cas de Voltaire. Quel est donc l'art du conte chez Voltaire ? en quoi cet art est-il différent de celui dont il crut — peut-être à tort — faire preuve dans ses autres œuvres, en particulier théâtrales, où il s'est beaucoup trop soumis, pense-t-on, aux traditions, aux règles et aux normes classiques.

Que peut être, en général, un art du conte ?

Un des premiers éléments qui entre dans la spécificité du conte, et même du conte-roman, c'est la brièveté. Le conte ne dispose pas, comme le roman, d'une aire narrative indéfinie. Il se doit, en temps et place limités, de dire l'essentiel et d'atteindre son but. La concentration, la concision, l'économie des moyens, un style parfois elliptique, sont donc une exigence du genre. Aussi bien n'existe-t-il pas de contes-fleuves comme il est des romans-fleuves…

La contrepartie avantageuse de cette obligation, c'est la liberté. L'auteur de conte est libre de mener l'action à sa guise, lente ou rapide, continue ou fractionnée. Peu importe, toutes les stratégies, tous les moyens sont bons, pourvu qu'ils soient efficaces et atteignent leur but. Le conte est une épreuve redoutable, mais qui laisse à l'auteur le choix absolu de ses moyens. Cette liberté de l'auteur n'est pas moins grande dans le choix des sujets : à chaque époque, il est des contes d'actualité, tels que ceux de Maupassant, des contes historiques et même des contes d'inspiration antique. On en arrive à conclure que, là plus qu'ailleurs, la première et peut-être la seule règle est de plaire.

La genèse du conte chez Voltaire

Voltaire, sans aucun doute, a excellé dans l'art du conte. La pratique de ce genre d'écrit lui a valu, conjointement à son action humanitaire, une consécration définitive, lui donnant pour toujours l'image de marque la plus flatteuse et la plus méritée. De quelles qualités particulières a-t-il fait preuve, quels mérites s'est-il acquis en nous donnant ses contes ? La réponse à cette question n'est pas simple, et l'on pourrait distinguer, dans cette recherche, plusieurs « pistes », en premier lieu les raisons pour lesquelles ce poète de salon, honoré et fêté pour ses œuvres poétiques et théâtrales, s'est finalement essayé à ce genre si peu pratiqué ?

Les leçons de l'existence

Voltaire ne s'est pas d'entrée de jeu adonné au conte. Le premier qu'il ait écrit, *Zadig*, est de 1746, et son auteur avait cinquante-deux ans ! Donc Voltaire attendit une maturité déjà avancée pour aborder le conte, et ceci n'est pas l'effet du hasard. Cela signifie que Voltaire éprouva le besoin d'extérioriser et de communiquer une expérience, celle de la vie, de ses déconvenues et de ses déceptions. Voltaire n'était pas homme à remâcher solitairement ses regrets et ses amertumes : tempérament expansif, il se sentit le besoin d'en faire — indirectement — confidence aux lecteurs, à condition que ce fût sous la forme symbolique et allégorique, mais aussi légère, primesautière et quelque peu fantaisiste qui lui convenait le mieux, celle du conte. Pourquoi ce désenchantement chez Voltaire, après un brillant début de carrière, avec les succès qu'il avait connus ? C'est que l'expérience de la vie de cour et de la société aristocratique avait été amère, après les grands espoirs que lui avaient donnés certains traitements de faveur. Le duc de Richelieu lui avait fait composer *La Princesse de Navarre* pour les fêtes du mariage du dauphin avec l'infante d'Espagne. Voltaire avait été alors nommé historiographe de France, titre et fonction éminemment enviables. C'est en cette qualité qu'il écrivit, en 1745, le *Poème de Fontenoy*, pour célébrer la victoire de Louis XV sur les Anglais et leurs alliés ; il entre à l'Académie et espère devenir poète de cour, et aussi le grand poète du royaume. Malheureusement, ces belles espérances seront déçues : le roi et la reine lui demeurent hostiles, et de surcroît il a déplu à Mme de Pompadour qui le protégeait, ce qui entraîne pour l'écrivain une disgrâce définitive.

Les épreuves du sentiment

Mais Voltaire éprouve aussi des déceptions et des épreuves d'un autre ordre. Il avait cru, naïvement peut-être, trouver en Mme du Châtelet, son « Uranie », une amie fidèle. Il n'en était rien, et Voltaire reçut, avant la mort de Mme du Châtelet, et de sa bouche même, l'aveu de son infidélité. Plus tard, l'aventure flatteuse de Potsdam auprès du roi Frédéric II de Prusse, ne finit pas de la plus heureuse façon. Voltaire, on le sait, avait dû — peut-être par sa faute — quitter précipitamment la Prusse, et cette médiocre conclusion avait jeté une ombre sur ce qui aurait dû être jusqu'à la fin une amitié exemplaire.

Le mal physique : le tremblement de terre de Lisbonne (1755)

A ces diverses épreuves morales et sentimentales, s'ajoute un nouvel événement qui ne peut que confirmer et aggraver le pessimisme déjà bien avancé de Voltaire. Il était installé depuis peu aux Délices, près de Genève (en 1754), lorsque l'atteint la terrible nouvelle du tremblement de terre de Lisbonne, le 1er novembre 1755. C'est sur ce sujet que Voltaire exprime peu après (en 1756), son pessimisme dans son *Poème sur le désastre de Lisbonne* :

> ...instruit par la vieillesse,
> Des humains égarés partageant la faiblesse,
> Dans une épaisse nuit cherchant à m'éclairer,
> Je ne sais que souffrir et non pas murmurer.

Il avait déjà écrit à son ami le comte d'Argental, le 1er décembre 1755 : « L'Europe est dans la consternation du jugement dernier arrivé dans le Portugal. Genève ma voisine y a plus de part qu'aucune ville de France ; elle avait à Lisbonne une grande partie de son commerce. Je n'ose plus me plaindre de mes coliques (!) depuis cet accident. Il n'est pas permis de songer à soi dans une désolation si générale. Portez-vous bien, madame d'Argental, et tâchez de tirer parti, si vous le pouvez, de cette courte et misérable vie ».

Attaques contre les philosophes

En ce temps-là également, le parti des « philosophes » subit de violentes attaques. L'attentat — manqué — de Damiens contre le roi Louis XVI, a provoqué une réaction du « parti dévot » contre les écrits jugés subversifs des philosophes. Le folliculaire Fréron, porte-parole du parti dévot, engage avec Voltaire une guerre de libelles et de pamphlets injurieux, visant aussi Diderot et les Encyclopédistes. D'Alembert, impliqué dans cette querelle, qui s'est étendue aux pasteurs de Genève, décide d'abandonner l'*Encyclopédie*, et cette défection est durement ressentie par ses amis et partisans.

Cette longue série de déceptions, d'échecs ou d'événements contrariants ou malheureux ont gravement altéré l'optimisme foncier de Voltaire, tel qu'il s'exprimait, non sans une certaine ingénuité, dans le poème *Le Mondain*, en 1736. On a donc tout lieu de croire, alors, que Voltaire, instruit par les épreuves a voulu exprimer cette expérience douce-amère dans le genre qui s'y prêtait le mieux pour lui, à savoir le conte.

En quoi consiste l'art du conte chez Voltaire ?

Voltaire a d'exceptionnelles qualités de conteur, et en particulier la première de toutes, qui est la maîtrise du sujet. Que faut-il entendre par là ? A la fois *la maîtrise des personnages et celle de l'action*. La variété des personnages du conte voltairien est aussi grande que leur nombre. Ils appartiennent à tous les milieux possibles, et comme il s'agit souvent de contes orientaux, ils sont parés de tous les prestiges d'un genre qui rappelle à l'évidence *Les Mille et une Nuits* (connues dès 1704 par la traduction de Galland), depuis la Princesse de Babylone, à la beauté éclatante, rehaussée des mille feux de ses diamants, jusqu'aux écuyers, esclaves et eunuques, qui eux aussi, tiennent le mieux du monde leur partie. Un Zadig, pour sa part, tombe du plus haut emploi de ministre « éclairé » du roi, à celui d'esclave du marchand égyptien Sétoc, ceci avec autant de vraisemblance et sans déchoir le moins du monde de sa dignité première. *La maîtrise de l'action*, révèle chez l'auteur autant d'imagination que d'observation. Ces deux qualités peuvent paraître contradictoires : imaginer, c'est créer de toutes pièces des personnages, une ambiance et un décor, observer, c'est décrire une réalité extérieure telle qu'elle se présente, disons une action telle qu'elle se déroule, située dans un espace et un temps donnés. Or Voltaire réussit dans ses contes à être à la fois créateur et observateur, témoin et maître du jeu, ce qui relève d'ailleurs de l'ancienne tradition du conte oral, et apparaît comme la meilleure façon de captiver auditeurs et lecteurs.

Le « secret » de Voltaire

Ce « secret » est avant tout une grande habileté. Sa principale règle, mais il s'agit bien plutôt d'un don, est d'éviter toute surcharge, de se montrer aussi simple que possible, sans affectation ni emphase, et ce talent est particulièrement appréciable lorsqu'il s'agit justement de décrire le luxe, la pompe et la magnificence d'une cour orientale, par exemple. La précision n'implique nullement la complaisance ni la redondance. En tout état de cause, on ne s'attarde outre mesure ni aux description, ni aux analyses, mais on saura choisir le détail expressif, surtout s'il est révélateur du personnage et peut prêter à quelque réflexion malicieuse. Dans *Candide*, on soulignera que « madame la baronne (de Thunder-ten-Tronck) pesait environ trois cent cinquante livres, s'attirait par là une très grande considération, et faisait les honneurs de la maison avec une dignité qui la rendait encore plus respectable ».

Dans *La Princesse de Babylone*, on nous fait assister à l'épreuve du roi d'Égypte, qui doit, pour épouser la princesse Formosante, tendre l'arc de « Nembrod ». Le roi ne doute pas de remporter cette épreuve, mais l'issue de la tentative est moins glorieuse que prévu : « Les épreuves commencèrent. On tira de son étui d'or l'arc de Nembrod. Le grand maître des cérémonies, suivi de cinquante pages et précédé de vingt trompettes le présenta au roi d'Égypte qui le fit bénir par ses prêtres ; et l'ayant posé sur la tête du bœuf Apis, il ne douta pas de remporter cette première victoire. Il descend au milieu de l'arène, il essaie, il épuise ses forces, il fait des contorsions qui excitent le rire de l'amphithéâtre, et qui font même sourire Formosante ». C'est ainsi que Voltaire, nullement impressionné par cet imposant cérémonial, minutieusement décrit au demeurant, se moque agréablement d'un puissant et respecté personnage…

Même dérision, dans *Micromégas*, à l'égard cette fois des plus hautes autorités intellectuelles, qui condamnent doctement une proposition déclarée par eux hérétique : » Le muphti de son pays (une des planètes de Sirius), grand vétillard, et fort ignorant, trouva dans son livre des propositions suspectes, malsonnantes, hérétiques, sentant l'hérésie, et le poursuivit vivement : il s'agissait de savoir si la forme substantielle des puces de Sirius était de même nature que celle des colimaçons. Micromégas se défendit avec esprit ; il mit les femmes de son côté ; le procès dura deux cent vingt ans. Enfin le muphti fit condamner le livre par des jurisconsultes qui ne l'avaient pas lu, et l'auteur eut ordre de ne paraître à la cour de huit cents années ».

Les mérites propres du style

Toujours animé par le souci d'amuser et de distraire, Voltaire joue de toutes les variétés possibles de styles. Il est vrai que dans un genre aussi libre que le conte, toutes les fantaisies sont permises.

Un style parlé. Une phrase cursive

Il s'agit de donner l'illusion de la spontanéité et de l'improvisation, tant la phrase est *cursive* et semble plus parlée qu'écrite. Une question, à cet égard, se pose : nous croyons savoir (cf. ci-dessus) pourquoi Voltaire a écrit des contes, et ses motivations paraissent sérieuses. Mais pourquoi alors avoir si mal jugé ses romans et ses contes, les taxant, comme on le sait, au pire de « petites coïonneries », au mieux de « facéties » et de « fadaises philosophiques » ? La raison semble en être que Voltaire, homme de lettres de formation classique, tragédien et poète convaincu, n'a jamais admis que le conte fût un genre sérieux, parce que ce genre n'avait pas sa place dans l'échelle des valeurs littéraires reconnues, et cultivées comme telles. La raison en est aussi que le conte, du moins à l'origine, est un genre parlé, et il est bien vrai que Voltaire, dans ses contes, adopte le style parlé, c'est-à-dire essentiellement *la phrase cursive*, qui court (c'est là son sens étymologique),selon un rythme aisé et naturel qui est celui de la conversation. La phrase cursive s'oppose à l'éloquence et à la rhétorique. Voltaire retrouve dans le conte une tendance profonde de son tempérament qui est celui d'un « causeur ». Le conte est un exemple idéal du « propos voltairien », facétieux et satirique.

Les effets de contraste et de rupture

Le style de Voltaire, dans ses contes, présente des effets de contrastes et parfois même de ruptures, ceci pour éviter l'écueil toujours possible de la monotonie. Ces changements de ton, d'ailleurs sont souvent le moyen d'expression d'une ironie moqueuse : « Rien n'était si beau, si leste, si bien ordonné que les deux armées. Les trompettes, les fifres, les hautbois, les tambours, les canons formaient une harmonie telle qu'il n'y en eut jamais en enfer » (*Candide* III). Après cette évocation — faussement — grandiose et épique, on passe sans transition à la poltronnerie de Candide qui « tremblant comme un philosophe, se cacha du mieux qu'il put pendant cette boucherie héroïque ». Le ton est mi-sérieux mi-plaisant, toujours près de l'impertinence, et si affleure parfois l'indignation, elle est tempérée par l'ironie légère et l'humour impalpable. Le conte voltairien n'est jamais — avons-nous dit — le « long fleuve tranquille du roman ».

La poésie des contes

Il existe dans les contes de Voltaire des formes diverses de ce que l'on peut appeler une poésie, et qui est fille de la liberté et de la fantaisie. Cette poésie est d'abord dans l'exotisme de la plupart des récits qui se situent dans un Orient fabuleux et imaginaire : le dépaysement ouvre alors l'accès au merveilleux. Mais cette poésie est aussi dans les trouvailles, les surprises, les inventions verbales cocasses et inattendues. Tout cela constitue un jeu subtil à base d'humour délicat, en même temps que de prestesse et de vivacité.

UNE PHILOSOPHIE DU CONTE

Un thème majeur et récurrent dans les contes de voltaire : le pessimisme

L'inspiration générale des romans et des contes de Voltaire est à l'évidence le pessimisme, attitude philosophique et morale ressentie comme une vérité d'expérience, selon laquelle le mal, dans le monde, l'emporte sur le bien. On peut dire que, dans l'immense majorité des cas, le conte voltairien nous invite à constater que le mal moral, sinon physique, a une tendance quasiment fatale à prévaloir sur le bien, que ce mal soit le fait d'individus, de groupes sociaux, d'États ou de collectivités. Autrement dit, le conte voltairien nous présente une image désenchantée et parfois consternante du monde. A cela, il n'est rien d'étonnant, puisque l'on admet, et la chose semble indiscutable, que Voltaire a écrit ses contes sous l'effet d'une réflexion amère sur les hommes et sur la vie, réflexion tirée elle-même d'un certain nombre d'expériences déplaisantes ou malheureuses. Les exemples de ce pessimisme sont nombreux. Zadig (1747), homme riche, sage et vertueux, honoré de la confiance du roi, est amené, par de perfides médisances, à se démettre de ses fonctions. Il subira les jalousies, les trahisons et les méchancetés humaines qui le réduiront au dernier des états : l'esclavage. Certes, son courage et sa sagesse finiront par l'emporter, et justice lui sera rendue ; il n'en aura pas moins connu les plus imméritées des disgrâces : « Qu'est-ce donc que la vie humaine (dit-il au cours de sa fuite en Égypte). Ô vertu, à quoi m'avez-vous servi ? Deux femmes m'ont indignement trompé ; la troisième qui n'est point coupable, et qui est plus belle que les autres, va mourir (la reine Astarté). Tout ce que j'ai fait de bien a toujours été pour moi une source de malédiction, et je n'ai jamais été au comble de la grandeur que pour tomber dans le plus horrible précipice de l'infortune. Si j'eusse été méchant comme tant d'autres, je serais heureux comme eux ». (*Zadig*, chap. VIII, la jalousie).

Le pessimisme, dans *Candide,* apparaît dans son titre même (*Candide ou l'Optimisme*), parce que le but de ce conte-roman est justement de nous prouver que l'optimisme est une croyance absurde et un leurre dangereux, dont le jeune Candide fera les frais.

Un rappel théorique et philosophique

On ne peut comprendre le sens du pessimisme de Voltaire, qu'en replaçant sur le terrain historique et théorique cette querelle de l'optimisme, dont Voltaire s'est littéralement nourri jusqu'à sa mort, peut-on dire, car ses dernières années et ses derniers jours ne furent à cet égard nullement sereins. Mais pour la commodité des choses, on doit commencer par définir et caractériser le genre d'optimisme dont s'est gaussé Voltaire : l'optimisme du philosophe allemand Leibniz (1646-1716).

Définition générale de l'optimisme

Ce mot vient du latin optimus, le meilleur, superlatif de l'adjectif bon. L'optimisme est une disposition naturelle consistant à voir le bon côté des choses, et à penser que finalement tout s'arrangera, malgré des circonstances momentanément défavorables. Mais il existe aussi un optimisme religieux, de nature chrétienne le plus souvent, dont précisément s'inspirera le philosophe Leibniz. Cette forme d'optimisme réside dans les notions fondamentales de la bonté de Dieu d'une part, et de la Providence de l'autre. Dieu étant bon n'a pu créer un monde mauvais, donc le bien l'emporte nécessairement sur le mal. Par ailleurs, il existe une Providence — toujours selon la doctrine chrétienne — expression de la sagesse de Dieu, qui gouverne le monde et les destinées individuelles au mieux des intérêts de tous et de chacun.

Mais qu'est-ce que le mal ?

Les philosophes et les penseurs se sont traditionnellement accordés à distinguer trois aspects du mal dans le monde.

1 – *Le mal physique.* C'est le mal matériel. C'est celui qui provoque la souffrance et la douleur corporelles de l'homme ou de tout être doué de sensibilité : blessure, maladie ou mort, à cause humaine ou naturelle.

2 – *Le mal métaphysique* est d'ordre théorique et fondamental : c'est l'imperfection du monde, tant dans le domaine matériel que dans le domaine théorique et abstrait : la limite de mon intelligence, l'impuissance de ma volonté, ma difficulté, voire mon impossibilité à aimer ou à communiquer relèvent du mal métaphysique. C'est la constatation, parfois attristée, que le monde n'est pas parfait et ne le sera sans doute jamais.

3 – *Le mal moral* consiste en la méchanceté et la malice humaines sous toutes leurs formes, celles qui semblent résulter d'une corruption fondamentale de la nature humaine, due au péché originel selon la tradition judéo-chrétienne. Ce mal moral se manifeste dans les options libres de l'homme dépravé, c'est-à-dire instinctivement porté au mal.

De tout temps, le problème du mal a préoccupé tous les penseurs et tous les philosophes mais il a surtout constitué une objection maîtresse contre la religion chrétienne qui affirme la bonté de Dieu. Comment concilier cette bonté avec une aussi forte présence du mal dans le monde ? Comment admettre que Dieu crée, ou tout au moins permet le mal ? Comment concilier enfin l'idée de Providence avec la liberté humaine ?

L'optimisme philosophique de Leibniz (1646-1716)

L'optimisme du philosophe allemand Leibniz est une doctrine d'inspiration chrétienne qui a particulièrement excité la verve moqueuse de Voltaire, et lui a fourni une cible de choix pour ses traits les plus acérés.

Cette violente hostilité de Voltaire constitue le fond et pourrait-on dire la trame de *Candide*, mais elle s'exprime également, quoique peut-être à un moindre degré, dans tous ses autres contes ou récits.

L'optimisme de Leibniz est principalement exposé dans la *Théodicée*, c'est-à-dire justification de Dieu, ouvrage paru en 1710, et repris par l'Allemand Wolf (1679-1754), disciple de Leibniz, sous le titre latin de *Theologia naturalis*, parue en 1713, et que Voltaire a vraisemblablement consultée. Il dit en tout cas avoir été rebuté par la lourdeur et le pédantisme de Wolf, et cette aversion fut à l'origine de la querelle de l'optimisme et de la guerre ouverte entre Voltaire et les leibniziens.

La théorie des idées innées. Signalons que l'hostilité de Voltaire à l'égard de Leibniz, se nourrit également d'une autre théorie du philosophe allemand contre laquelle s'insurge Voltaire dans plusieurs de ses contes, c'est la théorie des idées innées exposée par Leibniz en 1703 dans *Les Nouveaux Essais sur l'entendement humain*, où il défend la théorie selon laquelle « il y a en nous des idées nécessaires et universelles que nous découvrons à propos de l'expérience, et qui lui sont supérieures ». Voltaire combat âprement cette théorie et défend au contraire le primat de l'expérience sur l'« innéité ».

L'optimisme relatif de Leibniz. La théorie du meilleur des mondes possibles

Leibniz reprend la distinction classique et traditionnelle du mal physique, du mal métaphysique et du mal moral. Il proclame que : « Si Dieu n'a pas réalisé un monde excellent, voire parfait, il a du moins créé « le meilleur des mondes possibles ». Qu'est-ce à dire ? Que Dieu, dans son intelligence — divine — avait le choix entre plusieurs modèles ou plans de mondes à réaliser (peut-être un très grand nombre, une infinité). Ces mondes étaient, idéalement du moins, *compossibles*, c'est-à-dire tous virtuellement possibles, exactement comme les projets de plusieurs architectes en vue d'une seule et même construction, peuvent coexister et entrer en concurrence… Mais Dieu, entre tous ces mondes, a choisi le meilleur, exactement comme un jury, ou un particulier, choisit ce qui lui paraît être le meilleur projet architectural possible parmi un certain nombre d'autres. « La suprême sagesse, dit Leibniz, jointe à une bonté qui n'est pas moins infinie qu'elle, n'a pu manquer de choisir le meilleur ». Dieu crée donc, par une sorte de nécessité morale, par un acte de sa volonté conforme à son intelligence, le meilleur des mondes possibles, celui qui réalise la plus grande somme de perfections. En outre, ce monde répond au principe de raison suffisante.

Le principe de raison suffisante

Qu'est-ce donc que ce principe de raison suffisante, si brocardé par Voltaire ? : « La baïonnette fut aussi *la raison suffisante* de la mort de quelques milliers d'hommes », lit-on dans *Candide* (chap. III). C'est le principe selon lequel toute chose qui existe a assurément une raison suffisante d'exister, possède en elle-même et par elle-même la justification de son existence. C'est en quelque sorte une cause justifiée et fondée. Dans la phrase de Candide ci-dessus citée, il faut comprendre que, non seulement la baïonnette fut cause effective de la mort de quelques milliers d'hommes, mais que l'existence même de la baïonnette est justifiée en raison des heureux effets qu'elle produit et des services qu'elle rend ; on ne saurait concevoir un monde sans baïonnettes !

Le problème du mal pour Leibniz

On voit que, d'après cette théorie, il est faux de dire que tout est bien, et encore plus que tout est parfait (bien que Voltaire le dise souvent ou le laisse entendre dans *Candide).* Il faut seulement dire que *tout est au mieux* (dans le meilleur des mondes possibles), ce qui n'est pas du tout la même chose…

Mais tout de même, dans ce cas, d'où vient le mal ? Le mal, répond Leibniz, a son principe, non dans la volonté divine, mais dans la nature des choses. La création du parfait est impossible, parce qu'elle implique contradiction, vu que toute création est nécessairement imparfaite. Dieu ne veut pas le mal, il veut la réalité du monde. D'une façon générale, Dieu veut par principe le bien — on dira « antécédemment » — et il ne supporte le mal que « conséquemment, » c'est-à-dire en tant qu'imposé par le bien, dont il est la condition. L'homme qui demande la suppression de tel ou tel mal ne se rend pas compte qu'il demande à changer le meilleur des mondes possibles. N'oublions pas que tout ce qui est possible n'est pas réellement *compossible*, et que, tout étant lié et prédéterminé dans l'univers, rien ne peut être changé que tout ne le soit en même temps. Se représenter un monde semblable au nôtre qui n'en différerait que par tel ou tel détail, si insignifiant soit-il, est pure chimère, selon Leibniz.

La valeur morale du mal

Au surplus, Leibniz proclame que le mal physique ou la souffrance est soit une punition, soit une épreuve : en tant que punition, c'est un bien d'un ordre supérieur, un bien moral ; en tant qu'épreuve, non seulement ce mal sera compensé, mais il servira à l'accroissement de notre mérite et de notre bonheur. Quant au mal moral, il est une conséquence de notre liberté. Dieu n'aurait pu l'empêcher sans préférer, par un choix indigne de sa sagesse, un monde moins parfait au plus parfait des mondes…

Le pessimisme

Le pessimisme, contraire de l'optimisme, est en soi une disposition naturelle qui porte à penser que tout va mal et que tout finira mal. Cette tendance inspire l'attitude et les réflexions de plusieurs personnages de *Candide* : Martin, le noble vénitien Pococurante, la vieille, la servante Pâquette, et c'est évidemment aussi la position de Voltaire, quoique plus nuancée que celle de ces personnages. Là encore, il est deux significations du mot selon qu'on l'applique au caractère et aux dispositions d'âme d'un individu, ou à une doctrine cohérente et précise, professée par une religion ou une philosophie.

Au sens individuel et psychologique, ce mot s'applique donc à toute personne qui, d'instinct, voit tout en noir, parie toujours pour le malheur, ne perçoit que les mauvais côtés des choses et les exagère. Cet individu, en principe, n'est pas promis au bonheur. On parlait autrefois, à ce sujet, d'humeur noire ou peccante, due à un dérèglement de la sécrétion biliaire.

Au sens religieux et philosophique, on peut considérer que le représentant par excellence du pessimisme fondamental serait le bouddhisme. Le bouddhisme se résume en quatre propositions dites excellentes ou sublimes : la douleur est inséparable de l'existence, la douleur est fille du désir, la douleur et l'existence peuvent cesser par le nirvâna, le nirvâna s'obtient par l'anéantissement du désir, l'absolu détachement de soi-même.

Le pessimisme philosophique sera surtout représenté au XIXe siècle par Schopenhauer (1788-1860), et exercera une très grande influence sur un Maupassant, par exemple.

L'attitude de Voltaire

Le pessimisme est donc un thème majeur, en particulier du conte-roman *Candide* dont il est vraiment la raison d'être. Mais il imprègne également, à des degrés divers, tous les autres contes. C'est alors que ce pessimisme peut inspirer chez l'auteur une critique — toujours virulente — de la suffisance, de l'arrogance et du pharisaïsme de certains puissants personnages qui croient tirer leur autorité du meilleur des mondes et du meilleur des ordres établis. C'est le cas de la plupart des souverains, fiers de leur pouvoir et trouvant que, décidément le monde est bien fait et que tout est au mieux (pour eux et leur entourage) : « Le vieux Bélus, roi de Babylone, se croyait le premier homme de la terre, car tous ses courtisans le lui prouvaient. Ce qui pouvait excuser en lui ce ridicule, c'est qu'en effet ses prédécesseurs avaient bâti Babylone plus de trente mille ans avant lui, et qu'il l'avait embellie ». (*La Princesse de Babylone*, chap. I). Cela signifierait donc que l'optimisme de Leibniz ne s'est que trop bien « installé » dans l'esprit des détenteurs — toujours abusifs — de l'autorité, même quand il s'agit d'un pouvoir royal réputé légitimc...

Le message polémique et critique des contes voltairiens

Il apparaît bien que les contes de Voltaire ne sont pas « innocents », et n'ont pas pour unique propos de distraire le lecteur. Ces écrits ont un sens : « Ah, s'il nous faut des fables, dit l'Ingénu, que ces fables soient du moins l'emblême de la vérité ! « En fait, les contes sont révélateurs et délivrent un message polémique et fortement critique. La polémique, exprimée *dans* et *par* les contes, est d'abord une critique acerbe des pouvoirs abusifs de l'autorité, qu'elle soit politique ou religieuse, parce qu'elle est inévitablement exposée à commettre de graves injustices. « Il est aussi grave d'avoir vu pendre le frère de Cartouche parce qu'il était le frère de Cartouche, que d'avoir vu le dauphin (Louis XVII) mourir en prison parce qu'il était le fils de Louis XVI » dira Victor Hugo dans *Les Misérables.*

Mais quelle est la source de ce pouvoir discrétionnaire, donc de tous les abus qu'il peut engendrer ? Elle est, pense Voltaire, à défaut de le dire expressément, dans le pouvoir monarchique de droit divin, lequel est institué, confirmé et justifié par l'Église. Tous les gouvernements, au moins en Europe, mais aussi dans quelques pays d'Amérique, obéissent à l'Église en vertu d'une collusion totale entre le pouvoir politique et l'autorité religieuse ; on sait ce qu'il en coûte d'être poursuivi pour idées ou croyances jugées subversives, et d'être livré au « bras séculier », c'est-à-dire à la justice civile. A noter d'ailleurs — et Voltaire l'a souligné — que les autorités protestantes, là où elles ont le pouvoir, c'est-à-dire à Genève, se montrent tout aussi rigoureuses, tyranniques, et s'il le faut impitoyables.

Les deux « cibles » de Voltaire dans les *Contes* : la métaphysique et le dogmatisme*

On s'explique alors la hargne agressive — il faut le dire — de Voltaire, dans la quasi-totalité des *Contes*, contre *la métaphysique* et *le dogmatisme.* La métaphysique n'est rien de plus en soi que l'ensemble des spéculations sur les idées, l'âme, la vérité, Dieu, mais cette recherche apparemment inoffensive devient redoutable dès lors qu'elle est « officialisée » par le dogmatisme, cette attitude d'intransigeance, qui impose une vérité morale ou religieuse et lui donne force de loi. Tous les contes de Voltaire nous donnent de multiples exemples des ravages opérés par le dogmatisme — en l'occurrence religieux — dans la plupart des pays du monde, chrétiens ou non. Même dans les cas où telle ou telle pratique insensée ne serait pas formellement imposée, le peuple préfère ceux qui s'y soumettent. En Inde, le bon et honnête Omri, de la religion des Bramins, arriva à persuader un fakir de renoncer à s'asseoir — par religion — sur une « chaise à clous ». « Alors, on décrassa le fakir, on le frotta d'essences parfumées, on l'habilla décemment… Il avoua qu'il était cent fois plus heureux qu'auparavant. Mais il perdit son crédit dans le peuple : les femmes ne venaient plus le consulter, il quitta Omri et reprit ses clous pour avoir de la considération » (*Lettre d'un Turc sur les fakirs et sur son ami Bababec,* 1750).

Le fanatisme

Tout ceci se résume en un mot : le fanatisme, qui est le plus grand ennemi de Voltaire, un ennemi qu'il s'est employé à pourfendre toute sa vie, et dont il a montré, sous la forme plaisante, mais douce-amère des *Contes*, les abominables effets. Le fanatisme (du latin *fanum* : temple), est un enthousiasme religieux excessif et exalté. Le fanatique est animé d'une exaltation outrée et intransigeante pour ses croyances religieuses au point de vouloir imposer sa foi à autrui par tous les moyens, jusques et y compris, bien entendu, la violence physique. Le fanatique est en lui-même un personnage déplaisant et importun, mais il devient très dangereux quand il est l'instrument, ou tout au moins l'inspirateur ou le conseiller d'un pouvoir politique. Pour Voltaire, le fanatique est un malade qu'il faudrait guérir, mais cela semble difficile... Il se peut alors que l'écrivain ait poursuivi dans les *Contes* un double but : exprimer son aversion personnelle, se délivrer d'une hantise en stigmatisant le fanatisme par les très nombreux exemples qui constituent, à vrai dire, la matière des *Contes. Zadig*, *Candide* plus encore, abondent en exemples de fanatisme violent et destructeur ; *Micromégas* et *L'Ingénu* en font plutôt ressortir l'absurdité : le fanatisme règne dans les sciences sous la forme d'une ridicule suffisance dans *Micromégas,* et d'un vain attachement aux conventions et aux préjugés sociaux et religieux dans *L'Ingénu*. Mais peut-être Voltaire a-t-il cru aussi, au-delà de ses motivations personnelles, que la dénonciation constante du fanatisme et de ses excès était pour lui un devoir, et le meilleur moyen de combattre ce redoutable adversaire.

LA POSTÉRITÉ DU CONTE PHILOSOPHIQUE

Peut-on dire que les contes philosophiques de Voltaire ont eu une postérité, c'est-à-dire une descendance littéraire sous forme de contes ou de récits du même genre et du même style que les contes voltairiens et développant les mêmes thèmes ? Il semble que non. Ce constat est, à première vue, d'autant plus surprenant que les romans et contes de Voltaire, non seulement connurent un immense succès en leur temps, mais que ce succès ne se démentit jamais par la suite, et qu'aujourd'hui encore, leur influence profonde, disons leur impact, est tout aussi grand que par le passé. Voltaire, à cet égard, n'a connu ni éclipse ni purgatoire, ce qui est pourtant le lot de tant d'écrivains célèbres.

Faut-il s'étonner de ce hiatus ? Peut-être pas. Quand un genre est arrivé à un certain degré de perfection, il est naturel qu'une telle réussite décourage par avance épigones et imitateurs. Peut-on citer, dans un genre voisin, chef-d'œuvre plus accompli que les *Fables* de La Fontaine ? Or, nul n'entreprit ni ne s'avisa, hors le modeste Florian, d'ailleurs petit-neveu de Voltaire, de donner un successeur au fabuliste. Ce n'est pas à dire toutefois que les contes de Voltaire n'ont pas répandu, dans bien des esprits, une semence féconde. Beaucoup d'écrivains ont professé une appartenance résolue à la mouvance voltairienne, avec une préférence marquée pour les *Contes*. On cite volontiers Renan (1823-1892) et Anatole France (1844-1924). Nombre de penseurs, d'écrivains et de critiques d'aujourd'hui partagent ce goût, mais non point toujours les idées de l'auteur. C'est ce que disait par exemple, dans son langage dru, le fougueux Henri Guillemin : « Lorsque Voltaire dit « ces drôles » en parlant des « christicoles » (adorateurs du Christ), j'ai beau me savoir au nombre de ces drôles, je l'aime bien, ce fulgurant ».

Écoutons une opinion plus récente (1982) celle de l'écrivain et publiciste Éric Ollivier, à propos de *L'Homme aux quarante écus* : « C'est un texte d'actualité. On y trouve tous les soucis de nos économistes modernes, du dépeuplement des campagnes à la reconquête du marché intérieur. Je me demande seulement si Voltaire, sa fortune prudemment abritée en Suisse, prendrait place de nos jours parmi les possédants favorables à la majorité, ou parmi les nantis figés dans une opposition stérile.

Peut-être après tout, évoluerait-il au gré des sondages : une semaine blanc, une semaine rose, et tout le temps rosse, ce qui n'est pas le moindre de ses agréments ».

III – LE CONTE VOLTAIRIEN A L'EXAMEN

EXEMPLES DE LECTURES MÉTHODIQUES

Lecture méthodique thématique

Texte : *Candide,* chapitre VI. Comment on fit un bel autodafé pour empêcher les tremblements de terre, et comment Candide fut fessé

Introduction

Situation. Ce chapitre se réfère au — tristement — célèbre tremblement de terre de Lisbonne, le 1er novembre 1755, terrible catastrophe naturelle et grand drame humain, qui inspira l'année suivante à Voltaire un poème à tonalité pathétique et indignée, et qui était un réquisitoire passionné contre les théories optimistes de Leibniz. Ce poème, au surplus, aggrava l'inimitié de Rousseau à l'égard de Voltaire. Avec *Candide*, le philosophe revient sur l'événement, avec ses conséquences inattendues sur les personnages du roman, en l'occurrence Candide et Pangloss, malheureusement pris dans cette affaire.

Présentation. Candide a déjà connu maintes situations douloureuses : enrôlé de force dans l'armée, il a subi la guerre, a vu la cruauté humaine, a essuyé une tempête et a été témoin de la noyade de l'anabaptiste Jacques. On le retrouve ici aux prises avec l'Inquisition, occasion pour lui d'une dénonciation sévère des méfaits de cette institution qui cumule intolérance et superstition.

Le chapitre raconte la cérémonie « expiatoire » de l'autodafé, spectacle qui se veut à la fois édifiant et efficace parce que l'on attend qu'il soit une assurance contre un retour possible du fléau. Le ton ironique du récit attire l'attention du lecteur sur des éléments présentés comme normaux, mais qui ne le sont pas, et qui font ressortir le caractère absurde et odieux de la chose. C'est un récit succinct, presque schématique, où l'auteur déploie de grandes qualités de concision et d'apparente objectivité, façon habile et simple de susciter l'indignation.

On étudiera successivement **l'art du récit, le ton ironique et sarcastique de l'auteur et la dénonciation des méfaits du fanatisme et de la superstition.**

Lecture méthodique (approche synthétique)

1 – L'art du récit

A – *Les circonstances de l'événement.* Elles sont données dans le premier paragraphe : circonstances de temps et de lieu, et raisons de la décision des « sages », vu l'ampleur de la catastrophe. On remarquera que l'Inquisition n'est pas nommément désignée, peut-être par prudence, mais nul ne s'y trompe...

B – *Les* « acteurs » *et le déroulement de l'action.* Tout le sens ironique et critique du récit repose sur l'emploi de la locution « en conséquence » qui représente l'articulation faussement logique du texte et sa non moins fallacieuse argumentation, autrement dit une conséquence inacceptable et odieuse. Puis apparaissent les protagonistes, personnages anonymes autant que héros de l'affaire. Les fautes alléguées sont ridicules et relèvent du formalisme le plus absurde : ce sont des transgressions caractérisées — aux yeux des inquisiteurs — de certains interdits à valeur religieuse. Un biscayen a épousé sa commère, c'est-à-dire la marraine de l'enfant dont il est le parrain, ce que l'Église interdit, et deux Portugais ont arraché le lard d'un poulet, cela signifiant qu'ils sont de religion juive, donc particulièrement désignés pour être châtiés par l'Inquisition. Pangloss et Candide, on ne sait trop pourquoi, ont donc commis, du point de vue de cette autorité vétilleuse, des crimes impardonnables ! On songe à La Fontaine : « Sa peccadille fut jugée un cas pendable ». Ils sont donc tout désignés pour apaiser le courroux céleste ! On peut remarquer dans ce récit une sorte d'abréviation du temps : on passe sur le séjour en prison, on ne nous informe en rien sur le procès, et on ne nous parle aucunement de l'état d'âme des condamnés.

C – *Les conséquences.* La conséquence de cette belle cérémonie, c'est la deuxième secousse du séisme, prouvant l'inanité des prétendus remèdes appliqués par l'Inquisition. L'autre conséquence, c'est la déploration et les lamentations de Candide, trahissant chez le malheureux jeune homme un complet désarroi.

2 – L'ironie

Dans ce récit, Voltaire a délibérément choisi de dire les choses avec une sorte de froide objectivité, mais cette objectivité est totalement moqueuse et suggère un regard impitoyable de l'auteur sur l'événement. En réalité il s'agit là d'une pure et simple parodie* : on nous montre, avec un sérieux imperturbable, tous les détails de cette cérémonie pour mieux en faire ressortir le ridicule, et bien entendu la totale inefficacité.

3 – La dénonciation d'un scandale

Il s'agit pour l'auteur de nous faire prendre conscience, par usage de l'ironie, d'une situation scandaleuse, qui trouve son fondement et sa prétendue justification sur une série de sophismes dont il importe de préciser la nature et la signification.

A – *Le postulat dogmatique* et théologique*. Toute l'affaire repose sur le raisonnement suivant, probablement sincère chez les organisateurs : le tremblement de terre est un signe de la colère de Dieu, cette colère elle — même est assurément causée par quelque sacrilège récemment commis dans la ville. Il faut donc trouver à Lisbonne des gens qui, ouvertement ou non, sciemment ou non, ont commis une faute, ont transgressé un interdit religieux. Ces gens, on les trouve, et qu'à cela ne tienne, ils seront sacrifiés pour apaiser la colère de Dieu.

B – *L'effet d'exemple*. En réalité, il s'agit peut-être moins, pour l'Inquisition, de punir les prétendus responsables — moraux — de la catastrophe que de mater et de réprimer l'hérésie, cette hérésie toujours présente, toujours menaçante, pense-t-elle, et qu'elle a pour fonction de traquer et de punir. On remarquera l'arbitraire des raisons invoquées pour chaque condamnation, et la ridicule disproportion entre le chef d'accusation et le châtiment. Il faut remarquer d'ailleurs, que ces condamnations veulent avoir surtout une valeur expiatoire et spectaculaire, et l'intention sacrificielle et réparatrice est alors évidente : c'est en fait une cérémonie purificatrice, une sorte d'exorcisme conforme à un rituel bien établi, et dont on pense qu'il *doit* avoir son efficacité.

C – *L'optimisme*. N'oublions pas que le centre d'intérêt de *Candide*, c'est l'optimisme. Or ces aventures et catastrophes successives subies par le « héros » battent en brèche l'optimisme à lui prêché par Pangloss. Mais c'est aussi chez ce jeune et naïf personnage l'apparition d'une déconvenue attristée qui est peut-être l'amorce d'une pensée critique. Certes, le roman ne fait que commencer, mais l'aventure contée ici constitue pour Candide un début très marquant d'apprentissage.

Questions pour l'entretien

1. « Les sages du pays n'avaient pas trouvé un moyen plus efficace pour prévenir une ruine totale que de donner au peuple un bel autodafé. Qui sont ces sages et pourquoi sont-ils ainsi appelés ? Que signifie « un bel autodafé » ?
2. On arrête Candide pour avoir écouté Pangloss avec un air d'approbation. Que pensez-vous du mot air en tant que chef d'accusation ?
3. Quels sont les méfaits et les erreurs que Voltaire reproche aux inquisiteurs ? Quels traits montrent la cruauté et l'absurdité de leur conduite ?
4. On a parlé à propos de Voltaire et de Candide en particulier, de persiflage qui signifie tourner en ridicule sur le ton de la moquerie et de l'ironie. Trouvez-vous dans ce chapitre des exemples de persiflage ?
5. Ce chapitre nous offre-t-il un exemple de fanatisme ? En quoi ?
6. Quelles sont précisément les raisons des inquisiteurs en organisant cette « cérémonie » ? Quel sens lui donnent-ils par rapport au tremblement de terre ?
7. Que pensez-vous de la sensibilité de Voltaire d'après ce chapitre ? Les malheurs de Candide sont-ils émouvants ?
8. Quel était le but de Voltaire en écrivant *Candide*, et en particulier ce chapitre ?
9. Voltaire est-il antireligieux ?
10. Peut-on considérer que Voltaire a véritablement atteint son but : ridiculiser l'optimisme, en écrivant *Candide* ?

Lecture méthodique linéaire

Texte : *Histoire de Jenni* (1775), chapitre XI. De l'athéisme

Il faut croire en un Dieu. La croyance d'un Dieu rémunérateur des bonnes actions, punisseur des méchants, pardonneur des fautes légères, est donc la croyance la plus utile au genre humain, c'est le seul frein des hommes puissants, qui commettent insolemment les crimes publics ; c'est le seul frein des hommes qui commettent insolemment les crimes secrets. Je ne vous dis pas, mes amis, de mêler à cette croyance nécessaire des superstitions qui la déshonoreraient, et qui même pourraient la rendre funeste : l'athée est un monstre qui ne dévorera que pour apaiser sa faim ; le superstitieux est un autre monstre qui déchirera les hommes par devoir. J'ai toujours remarqué qu'on peut guérir un athée, mais on ne guérit jamais le superstitieux radicalement ; l'athée est un homme d'esprit qui se trompe, mais qui pense par lui-même, le superstitieux est un sot brutal qui n'a jamais eu que les idées des autres. L'athée violera Iphigénie prête d'épouser Achille, mais le fanatique l'égorgera pieusement sur l'autel, et croira que Jupiter lui en aura beaucoup d'obligation ; l'athée dérobera un vase d'or dans une église pour donner à souper à des filles de joie, mais le fanatique célébrera un autodafé dans cette église, et chantera un cantique juif à plein gosier, en faisant brûler des juifs. Oui, mes amis, l'athéisme et le fanatisme sont les deux pôles d'un univers de confusion et d'horreur. La petite zone de la vertu est entre ces deux pôles : marchez d'un pas ferme dans ce sentier ; croyez un Dieu bon et soyez bons. C'est tout ce que les grands législateurs Locke* et Penn* demandent à leurs peuples.

Répondez-moi, M. Birton, vous et vos amis ; quel mal peut vous faire l'adoration d'un Dieu jointe au bonheur d'être honnête homme ? Nous pouvons tous être attaqués d'une maladie mortelle au moment où je vous parle : qui de nous alors ne voudrait pas avoir vécu dans l'innocence ?

Introduction

Situation. Au cours de la guerre de Succession d'Espagne (1701-1714), où l'Angleterre avait attaqué l'Espagne, alliée de la France, un jeune Anglais, Jenni, blessé au combat en 1705, tombe aux mains des Espagnols. En tant qu'hérétique, puisque protestant, Jenni est jeté au cachot. Mais son père, M. Freind, personnage fort estimé des Espagnols, chapelain de l'armée anglaise, membre du Parlement et docteur en théologie, réussit à tirer son fils des griffes de l'Inquisition. A la fin du récit, M. Freind, dans un entretien sur l'athéisme avec son jeune compatriote Birton — incroyant — cherche à persuader celui-ci de la nécessité de croire en un Dieu protecteur et garant de la moralité, tant des individus que des sociétés.

Le prêche obtiendra d'ailleurs le résultat souhaité, et le jeune Birton tombera aux genoux de Freind en disant qu'il croit en Dieu.

L'enjeu. Il s'agit pour Freind de faire admettre à son interlocuteur qu'il est indispensable de croire en un Dieu pour assurer une nécessaire discipline morale et protéger les gens contre les méfaits toujours à craindre soit des hommes puissants et brutaux, soit des hypocrites et des sournois qui frappent dans l'ombre. Mais en fait, le plaidoyer de Freind va rapidement dévier vers un sujet annexe : la superstition, autre nom du fanatisme. Pour finir, Freind va recommander de suivre le difficile chemin de la vertu « entre les deux pôles de confusion et d'horreur que sont l'athéisme et le fanatisme ».

Plan. Le texte est fait de deux parties fort inégales : la première se borne en fait à la phrase initiale, avec une reprise dans le dernier paragraphe. Elle exprime cette idée qu'il est nécessaire de croire en « un » Dieu, pour les raisons susdites. La seconde partie, qui représente tout le corps du texte, est un développement qui peut sembler « adventice » sur les méfaits de la superstition, que l'on ne va pas tarder à appeler par son vrai nom : le fanatisme.

Lecture méthodique

1 – Nécessité de croire en « un » Dieu

A – *Le Dieu de Freind.* Il faut remarquer que ce Dieu est désigné par l'article indéfini : un. Ce n'est pas Dieu, mais « un » Dieu, donc un Dieu tout à fait indéfini, à l'image de l'article qui le désigne. A l'évidence, ce Dieu ne s'est pas fait connaître à l'homme et ne s'est jamais révélé. Il semble être plutôt un postulat de la raison humaine, une nécessité morale, justement, mais dont aucune expérience, aucun témoignage n'a affirmé l'existence.

B – *La* « nécessité » *de Dieu.* L'existence de Dieu n'est pas ici « exigée » par la raison humaine comme explication du monde et de l'univers, mais seulement comme « frein » (bride de cheval, à l'époque !) pour arrêter les gens au bord du crime et les maintenir dans le droit chemin. A ce compte, c'est très logiquement que ce Dieu est dit rémunérateur (dans l'Islam, Dieu est le « rétributeur »), ce qui signifie que sa fonction — la seule semble-t-il — est de punir les méchants et de récompenser les bons.

C – *Un argument convaincant.* Cet argument est exprimé dans le second paragraphe : quel mal pourrait-il y avoir à croire en un Dieu et à être honnête homme ? Sans doute, mais très habilement, Freind juxtapose les deux idées de croyance et d'honnêteté par l'expression *jointe à* sans marquer leur dépendance étroite : si l'on croit en un Dieu, on ne pourra être qu'honnête, toujours pour les mêmes raisons.

2 – Superstition et fanatisme

Voici que, curieusement, dans la deuxième partie, qui constitue le corps du texte, intervient une notion nouvelle : la superstition, qui va s'insérer entre l'athéisme d'une part (objet premier du débat), et la croyance en un Dieu, pour devenir finalement le sujet principal.

A – *La* « dérive » de Voltaire. Alors donc que l'on traitait de l'athéisme et de la croyance, apparaît, de façon un peu inopinée, *la superstition,* d'ailleurs introduite prudemment, dirons-nous, par la formule restrictive : « je ne vous dis pas, mes amis, de mêler... » Visiblement, l'auteur, entraîné par la chaleur de sa conviction, stigmatise la superstition et la présente comme un mal beaucoup plus grave que l'athéisme, lequel est certes une position un peu abrupte, mais au moins franche, claire et à tout prendre, honnête.

B – *Le parallèle.* Alors s'établit un parallèle rigoureux entre athéisme et superstition, laquelle prend bientôt son vrai nom qui est celui de fanatisme. L'opposition entre ces deux termes est soit absente, soit marquée ; dans un cas c'est l'asyndète, dans l'autre c'est l'emploi du *mais* adversatif : l'athée est un homme d'esprit, le superstitieux est un sot brutal. L'athée violera Iphigénie, *mais* le fanatique l'égorgera pieusement (remarquons ici l'oxymore : égorger pieusement).

Qu'est-ce que la superstition ? c'est un attachement étroit et formaliste à certains aspects du sacré ou à certains rites religieux. Il est évident que Voltaire, ici, use de l'hyperbole et « outrepasse » le sens habituel du mot : pour lui, la superstition consiste à prendre des préceptes religieux au pied de la lettre et à les appliquer avec un zèle odieux, allant jusqu'à l'atrocité. C'est alors que, par glissement de sens, la superstition devient fanatisme.

C – *La leçon morale.* Elle est exprimée dans le second paragraphe. Alors le langage se fait plus précis encore, presque géométrique. On emploie les termes de pôles et de zone pour mieux situer, presque spatialement, l'athéisme d'une part, le fanatisme de l'autre, et entre les deux la vertu. Celle-ci, d'ailleurs, n'est pas dans le juste milieu, mais dans la réprobation absolue de l'athéisme et du fanatisme. Locke (1632-1707) et Penn (1644-1718) sont pour Voltaire deux grands modèles de sagesse politique, sociale et morale.

Conclusion. Ces propos sont à la fois une affirmation et un plaidoyer : affirmation d'une croyance en un Dieu, et plaidoyer tendant à prouver la nécessité d'une telle croyance pour prévenir et réprimer les mauvaises actions. Mais l'intervention d'un autre élément qui est la superstition, autre nom du fanatisme, montre que Voltaire n'oublie jamais cet éternel ennemi.

Questions pour l'entretien

1. Quelle vous paraît être la différence entre Dieu et « un Dieu ». Pourquoi Voltaire ne parle-t-il que d'« un Dieu » et non pas de Dieu ?

2. Cette conception d'un Dieu rémunérateur vous paraît-elle suffisante et satisfaisante ? Auriez-vous des objections à présenter contre une telle conception ?

3. Pensez-vous que la croyance en un Dieu rémunérateur, c'est à dire en fait « punisseur, » soit capable de retenir les méchants dans la voie du crime ?

4. Pourquoi le Dieu dont parle ici M. Freind (c'est-à-dire Voltaire), n'est-il pardonneur que des fautes légères ?

5. Comment l'athée est-il ici considéré ? Pourquoi l'auteur le présente-t-il comme un monstre ou un voleur, ou encore comme un malade (on peut guérir un athée…) ?

6. Qu'est-ce exactement qu'un superstitieux ? Voltaire n'emploie-t-il pas le mot ici dans un sens péjoratif ?

7. Pourquoi le fanatique célébrera-t-il un autodafé dans une église et chantera-t-il un cantique juif à plein gosier ?

8. Quel était le statut et le traitement des Juifs dans beaucoup de pays à l'époque de Voltaire ?

9. Quel est le sens de la dernière phrase du texte : « Nous pourrions être tous attaqués d'une maladie mortelle au moment où je vous parle : qui de nous alors ne voudrait pas avoir vécu dans l'innocence ? »

10. Comment pourriez-vous définir et caractériser la religion de Voltaire d'après ce passage ?

11. Pourquoi Voltaire est-il traditionnellement considéré comme un ennemi de l'Église ? Une telle hostilité apparaît-elle dans ce passage ? et si cela est, comment ?

12. Peut-on prouver à quelqu'un qu'il est *nécessaire* de croire en Dieu — ou en un Dieu ?

SUJETS DE DISSERTATION (propositions de plans à étoffer)

Sujet n° 1 : Vous apprécierez, en fonction de votre connaissance des contes voltairiens, ces propos de Jean Orieux dans *Voltaire ou la royauté de l'esprit* :

> *Candide* est une œuvre d'un désespoir presque insondable. Presque, seulement, car s'il était total, il serait contraire à la bienséance, et s'il était excessif, il serait faux. Or Candide sonne juste comme le cristal. Il permet de sourire, et l'humanité se sauve par là du désespoir.

Introduction

Jean Orieux pose ici le problème de tout roman à thèse (c'est-à-dire qui cherche à prouver quelque chose), en soulignant les écueils qu'un tel genre de roman peut rencontrer, par exemple l'excès, donc la fausseté, et partant, l'inefficacité. Or, nous dit-on, Voltaire a su habilement éviter ces défauts dans *Candide,* et « cette œuvre sonne juste comme le cristal ». Que faut-il entendre par là ?

Première partie, *Candide,* œuvre désespérante (?)

C'est vrai dans une grande mesure, car le tableau qu'elle nous offre de l'humanité et du monde en général n'est certes pas réconfortant.

– *Les humains.* Tant individuellement que collectivement, l'homme y est foncièrement mauvais. La première expérience de Candide est à cet égard significative : avec les recruteurs de l'armée, il découvre le mensonge, l'abus et la falsification du langage.

– *La société.* Elle est aussi un théâtre d'injustice et de violence morale et physique. Le despotisme et la tyrannie y règnent. Trop de souverains n'ont en vue que leur gloire personnelle au détriment des intérêts de leurs peuples. Mais surtout l'Église, par le redoutable moyen de l'Inquisition, exerce une autorité oppressive sur les consciences et sur les personnes. Enfin, règne en bien des pays le plus grand des fléaux : la guerre, dont Candide a fait la triste expérience.

– *Le monde.* Il est en proie aux catastrophes naturelles qui peuvent survenir à tout moment, faisant d'innombrables victimes et causant d'immenses dégâts : tremblements de terre, éruptions, inondations, tempêtes...

Deuxième partie, *Presque*, seulement

En vérité, *Candide* n'est ni une histoire lamentable, ni un roman larmoyant. L'intelligence, l'esprit, l'humour y gardent toujours leurs droits. Paradoxalement, un sourire s'esquisse derrière ces affreux malheurs. Candide y joue un peu, certes sans le savoir et avant la lettre, les futurs comiques de cinéma aux aventures burlesques, tombant de Charybde en Scylla, mais « s'en sortant » toujours (il y a chez Candide du Buster Keaton, Harold Lloyd, Charlot peut-être, et de nos jours Pierre Richard...). Sa sensibilité, sa bonté, sa générosité, sont ses meilleures chances de salut.

Troisième partie

Candide sonne juste comme le cristal, et l'humanité se sauve par là du désespoir

Que signifie cette phrase ? Elle signifie que *Candide* ne sonne pas faux parce qu'il n'est pas fêlé. S'il était fêlé, il sonnerait faux, et la thèse qu'il est censé soutenir s'effondrerait. Rappelons-nous le proverbe : « qui veut trop prouver ne prouve rien ». Il s'agit en effet d'une œuvre et d'un personnage qui, autant l'une que l'autre, sonnent juste, c'est-à-dire gardent leur vraisemblance dans l'invraisemblance. Cette justesse de *Candide*, c'est sa profonde humanité, et qui dit humanité dit vérité. C'est finalement ce sourire, c'est cette intelligence et cette générosité qui sauvent l'homme du désespoir.

Conclusion

Pour toutes ces raisons, *Candide*, loin d'être une œuvre chagrine, mesquine ou amère, possède une vertu curative, et agit — sur son lecteur comme sur l'homme en général — comme une *thérapeutique du malheur.*

Sujet n° 2 : La Providence, écrit Marcel Légaut, écrivain catholique, est un postulat qu'aucun regard sur le monde ne peut rendre même vraisemblable ». Voyez-vous une application possible de ce jugement à *Candide* ou à d'autres contes de Voltaire ?

Introduction

Le *Candide* de Voltaire, derrière la querelle de l'optimisme et du pessimisme, met fondamentalement en jeu la notion de Providence et son intervention supposée dans les affaires du monde. Aussi n'est-il pas sans intérêt de confronter les thèses de Voltaire avec la pensée d'un écrivain catholique contemporain, Marcel Légaut, pour qui la Providence est un postulat qu'aucun regard sur le monde ne peut rendre même vraisemblable. Que signifie cette parole, peut-on l'appliquer à *Candide*, ou éventuellement à d'autres contes de Voltaire ?

Explication du jugement

A – La croyance traditionnelle. Le christianisme admet qu'il existe une Providence, c'est-à-dire une surveillance attentive et comme paternelle de Dieu sur l'homme, pour épargner à celui-ci de trop grandes épreuves, et lui permettre de mener une vie relativement heureuse.

B – Leibniz a « systématisé » cette conception au point d'en faire une théorie bien connue, dans sa *Théodicée*, celle du « meilleur des mondes possibles ». Selon cette théorie, le monde que Dieu a créé est le meilleur qui se puisse concevoir. Certes, il y a des épreuves, des malheurs et des catastrophes, mais ce sont des zones d'ombre qui font mieux ressortir la splendeur du tableau. De là le principe de *raison suffisante*, cher à Leibniz et ridiculisé par Voltaire, principe selon lequel tout a sa raison d'être, et qu'en conséquence, rien n'est accidentel ni imprévu. Les divers événements, bonheurs ou ennuis, qui se déroulent dans une vie doivent avoir une issue heureuse.

C – La pensée de Marcel Légaut. Cet écrivain catholique, non seulement récuse l'optimisme de Leibniz, mais n'accepte pas non plus l'idée classique et traditionnelle de Providence. Selon lui, cette idée serait un postulat, c'est-à-dire une conception purement abstraite et surtout invérifiable. Aucun fait ne peut suggérer une intervention possible de la Providence, vu que tant d'autres faits la démentent ou l'infirment.

Application du jugement à *Candide*

La lecture de *Candide* ne peut qu'apporter une pleine et entière confirmation du jugement de Marcel Légaut. Il est évident que Voltaire, dans ce récit, a tout fait pour montrer que la Providence n'existe pas, qu'elle est une pure et simple chimère inventée par les prêtres et les théologiens. Les exemples abondent (à vous d'en trouver), et le monde apparaît dans *Candide* comme absurde : tous les événements convergent pour prouver l'inexistence totale d'une quelconque volonté qui présiderait au déroulement des choses.

Perspectives et dépassements

A – La providence dans *Candide* ? Il est assurément difficile de soutenir qu'il puisse y avoir des interventions providentielles dans Candide. Pourtant, dans ce roman initiatique*, qui nou dit l'apprentissage du monde par un innocent, ne pourrait-on pas déceler une sorte de ligne directrice qui serait tracée par une intention consciente ? Ne fallait-il pas que Candide et ses amis fissent leur expérience ? Ne leur fallait-il pas toucher du doigt l'absurdité du monde pour mieux la dominer ? Le caractère de Candide, trempé au cours de ses aventures, s'est affermi, et il a acquis une sagesse.

B – Un destin providentiel ? Si providence il devait y avoir dans Candide, on pourrait la discerner dans les sinuosités et les méandres de l'aventure. « Dieu écrit droit en lignes courbes », dit Paul Claudel dans *Le Soulier de satin*, citant un proverbe portugais (Deus escreve direito por linhas tortas). La Providence — au sens religieux du mot — ne saurait être un effet de théâtre ou un truquage de cinéma qui arrête les séismes ou entrouvre la mer. C'est peut-être le tort de Voltaire de l'avoir cru…

Conclusion

La pensée de Marcel Légaut peut donc s'appliquer à *Candide,* car elle rejoint en fait celle de Voltaire. Encore est-il permis de se demander si l'œuvre dans son ensemble — à l'insu peut être de son auteur — ne serait pas l'illustration — mystérieuse ? — d'un certain finalisme moral.

Pour finir, une question insolite. Dans le célèbre roman d'Albert Camus, *La Peste*, le Père Paneloux, jésuite, parle ainsi — à la cathédrale —

du fléau (la peste), qui s'est abattu sur la ville d'Oran : « Mes frères, vous êtes dans le malheur, mes frères, vous l'avez mérité... Si, aujourd'hui la peste vous regarde, c'est que le moment de réfléchir est venu. Les justes ne peuvent craindre cela, mais les méchants ont raison de trembler. Dans l'immense grange de l'univers, le fléau implacable battra le blé humain jusqu'à ce que la paille soit séparée du grain. Il y aura plus de paille que de grain, plus d'appelés que d'élus, et ce malheur n'a pas été voulu par Dieu. Trop longtemps ce monde a composé avec le mal...Eh bien, cela ne pouvait durer. Dieu qui, pendant si longtemps a penché sur les hommes de cette ville son visage de pitié, lassé d'attendre, déçu dans son éternel espoir, vient de détourner son regard. Privés de la lumière de Dieu, nous voici pour longtemps dans les ténèbres de la peste ! »

Essayons d'imaginer quelles eussent pu être les réflexions de Voltaire sur ce prêche...

Esquisse d'une réponse. Il est à peu près certain que Voltaire, comme Camus, eût été fortement irrité par ces propos dans lesquels il aurait vu un abus manifeste de l'autorité morale et spirituelle de l'Église et une prétention insoutenable à prêter à Dieu des intentions assez basses. Ce qui l'aurait peut-être le plus choqué eût été cette « bonne conscience » de Dieu qui, selon le Père, esquive toute responsabilité dans le déclenchement du fléau en se retranchant derrière une sorte de neutralité consistant en une sanction par abstention. Voltaire n'eût guère admis non plus, sans doute, que le fléau — permis sinon voulu par Dieu — puisse frapper indistinctement les bons et les méchants, les coupables et les innocents. Voltaire admet, et même postule l'existence d'un Dieu « punisseur des méchants » (cf. Jenni p. 52), mais là doit s'arrêter son action, car tout le sens, non seulement de Candide, mais de l'œuvre voltairienne, est une protestation contre l'injustice de Dieu qui frappe indistinctement tout le monde.

On pourrait toutefois faire deux remarques : ce prêche n'est que le premier d'une série de trois (à la fin, Paneloux changera de position, et finalement se laissera contaminer et mourra sans lutter) ; par ailleurs, Camus, peu au fait des problèmes théologiques, risque de donner une image caricaturale du clergé — dont les positions ont beaucoup varié au cours des temps — devant le problème du mal.

Sujets de devoirs et jugements

➤ Voltaire est le dernier des écrivains heureux, a dit Roland Barthes.

➤ René Pomeau écrit dans *Voltaire par lui-même* : « Voltaire a habitué les Français a attendre du génie littéraire autre chose que des divertissements : une direction de conscience ».

> Mais conter pour conter me semble peu d'affaire,
> En ces sortes de feinte, il faut instruire et plaire.

a dit La Fontaine, parlant de ses *Fables*. Vous semble-t-il que ce distique puisse s'appliquer aux *Contes* de Voltaire ?

➤ « Les livres les plus utiles sont ceux dont les lecteurs font eux-mêmes la moitié : ils entendent les pensées dont on leur présente le germe ; ils corrigent ce qui leur semble défectueux, et fortifient par leur réflexion ce qui leur paraît faible », écrit Voltaire dans la préface du *Dictionnaire philosophique portatif* (1764). Vous semble-t-il que cette opinion puisse s'appliquer à la lecture des Contes du même auteur ?

➤ René Pomeau écrit dans *Voltaire par lui-même* (Seuil, Paris 1959) : « Voltaire a marché un peu dans toutes les directions, mais il a avancé dans une seule ». Vous semble-t-il que cette opinion puisse s'appliquer aux *Contes* ?

➤ Une opinion d'André Gide : « Entre temps, je me sature des *Contes* de Voltaire, grands et petits, dans la charmante édition de Schiffrin, et ne parviens, pas plus que précédemment, à situer *Candide* fort au-dessus de tous les autres. Je doute même si ce n'est pas surtout aux menues polissonneries qui s'y trouvent, que Candide doit son insigne renommée. La satire y reste souvent un peu courte et le rire de Voltaire m'y paraît plus grimaçant qu'ailleurs. Il écrit *Candide* pour s'amuser ; et, en s'amusant, il amuse. Mais l'on sent aussi qu'il veut prouver, et l'on ne sait plus bien quoi, ni non plus à qui il en a. Montrer que l'homme est innombrablement malheureux sur cette terre, point n'est besoin de tant d'esprit pour cela. La religion nous l'enseigne aussi ; Voltaire le sait bien, et par moments cela le gêne. S'il revenait aujourd'hui parmi nous, combien ne se dépiterait-il pas d'avoir si peu triomphé de bien des choses qu'il attaquait donc mal ou qu'il avait tort d'attaquer ; et d'avoir fait le jeu de bien des sots. Goethe, à ressusciter aujourd'hui, trouverait plus de satisfaction, ou Montaigne. (*Journal*, 11 février 1934).

➤ Gabriel Jean écrit dans *Le Pouvoir des contes* (Castermann, 1990) : « Si le conte constitue un amusement ou une évasion, c'est uniquement pour la conscience banalisée. Dans la psyché profonde, les scénarios initiatiques conservent leur gravité et continuent à transmettre leur message ».

BIBLIOGRAPHIE

GABRIEL Jean, *Voltaire dans ses contes*, Castermann, 1990.
ORIEUX Jean, *Voltaire ou la royauté de l'esprit,* Flammarion, 1966.
POMEAU René, *La Religion de Voltaire*, Nizet, 1974.
VAN DEN HEUVELS Jacques, *Voltaire dans ses contes*, Armand Colin, 1967.
VOLTAIRE, *Romans et contes,* Garnier, 1960, Présentation et notes de Henri Bénac.
VOLTAIRE, *Romans et contes*, Garnier-Flammarion, 1966, Préface et notes de René Pomeau.

LEXIQUE

afféterie : recherche prétentieuse, préciosité excessive du style. L'afféterie peut apparaître — à dessein — dans certains contes orientaux de Voltaire. Elle existe à coup sûr dans *Les Mille et une Nuits.*

allégorie : représentation d'une idée abstraite par un personnage ou un récit. L'Ingénu (le Huron) est la figure allégorique du bon sens et du naturel confrontés au formalisme social et religieux.

apologue : petit récit allégorique exposant une vérité morale. Les *Fables* de La Fontaine sont des apologues.

arbitraire : nom masculin : autorité que ne borne aucun règlement. L'adjectif signifie : laissé à la libre volonté de chacun.

Calas : affaire Calas. Calas, protestant toulousain supplicié en 1762 sous la — fausse — accusation d'avoir fait périr son fils qui voulait se convertir au catholicisme. Voltaire intervint et obtint la réhabilitation de Calas.

Charles XII : roi de Suède (1682-1718) régna de 1697 à 1718. Mena des guerres victorieuses contre les Danois, les Polonais et les Russes. Fut vaincu par le tsar Pierre le Grand en 1709. C'est un des grands conquérants de l'Histoire.

dogme : vérité religieuse tenue pour intangible.

dogmatisme : attitude intellectuelle consistant à affirmer des idées sans les discuter.

dogmatique : décisif et tranchant, qui n'admet pas la contradiction.

épigramme : petit poème satirique ou mordant.

épopée : poème empreint de merveilleux et racontant des aventures héroïques. *La Henriade* de Voltaire se veut une épopée.

Frédéric II : roi de Prusse (1702-1786). Despote éclairé, ami des philosophes. Ses rapports avec Voltaire furent parfois difficiles.

Galilée : affaire Galilée. Galilée (1564-1642), physicien, mathématicien et astronome italien, proclama que la Terre tourne autour du Soleil. Poursuivi par le Saint-Office, il dut se rétracter devant l'Inquisition en 1633.

initiatique : qui initie à la connaissance de tout ce qui n'apparaît pas avec évidence. S'emploie en particulier dans l'expression roman initiatique, qui signifie roman d'apprentissage ou de formation, et ceci avec une certaine connotation religieuse ou ésotérique.

La Barre : affaire La Barre (1747-1766). Ce gentilhomme, accusé d'avoir mutilé un crucfix, fut décapité puis brûlé, après une procédure contre laquelle s'éleva Voltaire.

libertin : dans le sens de l'époque, libertin signifie principalement affranchi de toute règle et de toute croyance religieuses.

Locke : philosophe anglais (1632-1704), particulièrement apprécié de Voltaire, parce qu'il s'opposait à la théorie catésienne des idées innées ainsi qu'au principe du gouvernement despotique.

outrecuidance : assurance impertinente envers autrui.

parodie : imitation comique ou burlesque d'une œuvre littéraire célèbre.

Penn : (1644-1718), quaker anglais, fondateur en Amérique de la Pennsylvanie, dont il fit une colonie modèle.

polémique : querelle plus ou moins vive, par écrit, sur une question le plus souvent politique ou culturelle.

Providence : volonté divine, considérée comme la sagesse qui gouverne le monde, et qui, éventuellement, récompense les bons et punit les méchants, exerçant ainsi une fonction rémunératrice.

rogaton : mot souvent employé par Voltaire pour désigner des petits vers ou des petits écrits sans importance.

satire : ouvrage généralement en vers, mais aussi en prose, exprimant des critiques malicieuses contre une personne, une idée ou une institution.

Sirven : protestant de Castres (1709-1777). Accusé à tort d'avoir tué sa fille pour l'empêcher de se convertir au catholicisme, et condamné à mort, il se réfugia en Suisse. Voltaire le fit réhabiliter en 1771.

utopie : projet d'organisation politique idéale. Par extension, se dit de tout projet ou de toute idée considérés comme irréalisables ou chimériques.

SOMMAIRE

Aubin Imprimeur
LIGUGÉ, POITIERS

Achevé d'imprimer en août 1995
N° d'impression L 49886
Dépôt légal août 1995 / Imprimé en France